# Löwe

# Horoskop

# 2024

## Angeline A. Rubi

## Alina Rubi

*Unabhängig veröffentlicht*

*Alle Rechte vorbehalten © 2024.*

*Astrologen: Alina A. Rubi und Angeline Rubi*

*Bearbeitung: Angeline. Rubi*

*rubiediciones29@gmail.com*

# *Wer ist Löwe?*

*Termine: 24. Juli - 23. August*

*Tag: Sonntag*

*Farbe: Gelb, Gold*

*Element: Feuer*

*Kompatibilität: Wassermann, Schütze, Widder,*

*Symbol:*

*Fester Modus*

*Polarität: Männlich*

*Herrschender Planet: Sonne*

*Haus 5*

*Metall: Gold.*

*Quarz: Rubin, Diamanten, Onyx.*

*Sternbild: Löwe*

## *Löwe-Persönlichkeit*

*Seine Persönlichkeit ist einfach überschwänglich. Von der Sonne beherrscht, besitzt er eine Kraft, die andere motiviert, sich zu bewegen, und will immer glänzen und dominieren.*

*Diese Eigenschaft kann zu einem Mangel werden, weil er sehr dominant sein kann. Er kennt keine Rache, ist materiell und persönlich großzügig und ist der beste Chef für eine Gruppe.*

*Dieses Zeichen ist enthusiastisch, kreativ und hat oft Verständnis für die Lebensumstände anderer; es liebt den Luxus und das Abenteuer; es geht gerne Risiken ein.*

*Sie zeichnen sich auch dadurch aus, dass sie eine hohe Vorstellung von allem haben, insbesondere von sich selbst, weshalb sie vor Vulgarität zurückschrecken.*

*Sie sind gut organisiert, zeichnen sich oft in verantwortungsvollen Positionen aus und haben eine große Fähigkeit, sich die Ausrüstung zu beschaffen, die es ihnen ermöglicht, ihre Ziele zu erreichen. Hindernisse hindern sie nicht daran, voranzukommen. Im Gegenteil, sie wachsen mit ihnen.*

*Sie sind loyal und beschützend. Sie sind ausgezeichnete Freunde, liebevoll und beschützend.*

*Sie lassen ihre Lieben nicht im Stich und das macht, dass sie von Zeit zu Zeit in die Probleme anderer Menschen verwickelt sind.*

*Sie sind schlechte Verlierer: Sie sind sehr ehrgeizig und trotzig und geben gerne an. Wenn etwas nicht nach ihren Vorstellungen läuft, reagieren sie destruktiv.*

*Sie machen das Beste aus jeder Sekunde, lieben das Leben, haben gerne Spaß und genießen alle Arten von Unterhaltung: Musik, Kino, Theater, Natur. Wenn sie ihre Hobbys nicht genießen können, ändert sich ihre Stimmung und sie schalten ab.*

*Sie sind verliebt; es ist ein Gefühl, das sie lieben, und es ist eine der grundlegenden Zutaten für die Sauce des Lebens, nach der sie immer suchen. Sie möchten sich von ihrem Partner bewundert und gelobt fühlen.*

*Elegant von der Wiege an, haben Sie bemerkt, wie sie gehen und sich bewegen? Im Allgemeinen haben Löwe-Geborene einen auffallenden Körperbau, sie gehen auf elegante Art und Weise, und sie haben in der Regel ein fesselndes Aussehen.*

*Sie sind stolz und hochmütig und können tyrannisch und manchmal sogar etwas despotisch sein.*

## Horoskop Löwe

### Allgemein

Das Jahr 2024 bringt Energien der zweiten Chance für die Löwe s, überlegen Sie also, was das für Sie bedeuten könnte.

Es kann große Veränderungen in Ihren Beziehungen geben, in der Art, wie Sie sie angehen und handhaben, in den Menschen, die Sie anziehen, und in dem, was Sie in Ihren persönlichen Beziehungen wollen und brauchen.

Mondfinsternisse bringen eine intensive Konzentration auf das, was Sie verändern müssen, um Ihre Beziehungen zu verbessern. Es kann sein, dass Sie sich mit etwas auseinandersetzen müssen, vor dem Sie eine Zeit lang weggelaufen sind, und das kann ärgerlich sein, wird Ihnen aber letztlich helfen, weiterzukommen.

*Sie können sich ehrgeiziger fühlen und nach Erfolg streben. Sie werden eine Art von Erfolg erzielen, auf den Sie schon seit Jahren hinarbeiten.*

*Sie werden von Ihrer Arbeit begeistert sein, und wenn Ihnen die Leidenschaft dafür fehlt, können Sie sich in diesem Jahr auf die Suche nach einem neuen Job konzentrieren.*

*Die neuen Monde geben Ihnen die Möglichkeit, sich einen neuen Job zu suchen, wenn Sie das wollen, und Sie können neue Projekte beginnen und sich auf das konzentrieren, was Sie gerne tun.*

*Möglicherweise müssen Sie einige größere Veränderungen vornehmen, aber Sie müssen dabei klug vorgehen. Wenn Sie lieben, was Sie tun, können Sie große Fortschritte machen und erfolgreich sein. Es werden sich vielleicht Gelegenheiten ergeben, die Ihnen beim Investieren helfen, und Sie werden kreative Wege finden, um mehr Vertrauen in die Art und Weise zu haben, wie Sie Ihr Geld anlegen.*

*Sie müssen Ihre Gesundheit schützen, versuchen Sie nicht, alles auf einmal zu tun. Kümmern Sie sich um Probleme, wenn sie auftreten.*

*Zu Beginn des Jahres und in den Sommermonaten werden Sie mit großen Herausforderungen konfrontiert werden.*

## *Liebe*

*Pluto befindet sich seit über einem Jahrzehnt in Deinem Liebesbereich, so dass Du Dich ernster und intensiver mit der Liebe auseinandergesetzt hast und sie viel ernster nimmst. Was Liebe ist und was sie für dich bedeutet, hat sich gewandelt, aber du fühlst dich jetzt mehr auf das ausgerichtet, was für dich wahr ist. Sie wissen, was Sie in einer Beziehung wirklich wollen und brauchen, und wenn Sie sich engagieren, sind Sie auch bereit, etwas zu geben.*

*Während der rückläufigen Merkur-Perioden werden bestehende Probleme in Ihren Liebesbeziehungen zunehmen, und das kann dazu führen, dass Sie sich frustriert und ungeduldig gegenüber anderen fühlen, aber Sie müssen an all diesen Problemen arbeiten und sich verbessern.*

*Dieses Jahr kann eine gute Zeit sein, um eine bestehende Beziehung neu zu entfachen oder eine alte Liebe wieder aufleben zu lassen, besonders mit den neuen Monden, die dazu Gelegenheit bieten. In jedem Fall sollten Sie versuchen, Ihre Beziehungen zu anderen zu pflegen und sie zu unterstützen.*

*Saturn und Neptun befinden sich das ganze Jahr über in Ihrem Sektor der Intimität, und aus diesem Grund ist eine spirituelle Verbindung mit den Menschen, die Ihnen am nächsten stehen, für Sie wichtig.  Sie werden durchsetzungsfähiger und realistischer im Umgang mit Ihren emotionalen Bindungen zu anderen sein.*

*Sie können sich auf gesunde Weise mit alten Problemen und Traumata befassen, die diesen Bindungen im Wege standen, und Lehren aus der Vergangenheit ziehen, die Ihnen helfen werden, in Zukunft bessere Bindungen aufzubauen.*

*Für einige Löwe s könnte die Liebe zur Ehe führen. Wenn du ein alleinstehender Löwe bist, sei darauf vorbereitet, deine wahre Liebe zu finden. Aber sei vorsichtig, du solltest nicht jedem vertrauen, denn es gibt Menschen, die versuchen könnten, deine Freundlichkeit auszunutzen.*

*Verheiratete Löwe s werden Glück und Wachstum in ihren Familien erleben. Um Ihren Partner glücklich zu machen, sollten Sie sich auf sein Wohlbefinden konzentrieren. In diesem Jahr werden Sie unglaubliche Erinnerungen mit Ihrem Partner schreiben. Ihre Liebe wird stärker werden und neue Horizonte erreichen.*

*Von Zeit zu Zeit kann es zu Missverständnissen kommen, daher ist es wichtig, in schwierigen Zeiten Geduld zu haben. Denken Sie daran, die Entscheidungen Ihres Partners zu respektieren und Ihre Meinung nicht zu erzwingen. Mit Geduld werden Sie Ihre Beziehung stark und glücklich halten.*

*Einige Löwe s könnten eine frühere Liebe wiederfinden, also halten Sie Ihr Herz offen. Du kannst alte Missverständnisse ausräumen und die Liebe genießen.*

*Sie werden jeden Augenblick genießen, und Ihre familiären Beziehungen werden durch Liebe und Verständnis gestärkt werden.*

### Wirtschaft

*Uranus gesellt sich bis zum 25. Mai zu Jupiter in Ihrem Geldbereich. Diese Kombination ist fabelhaft, um plötzliche Fortschritte zu machen und Erfolg aufschnelle, unerwartete und unkonventionelle Weise zu erleben. Sie können Ihre langfristigen Ziele und Pläne auf eine neue Art und Weise angehen, und das wird Ihnen weitere Türen öffnen.*

*2024 wird eine Mischung aus Gewinnen und Verlusten sein. Deine harte Arbeit wird dir Geld einbringen, aber familiäre und andere Probleme werden zu finanzieller Instabilität führen. Versuchen Sie, Geld zu sparen, wenn schwierige Situationen auftreten. Kluges Ausgeben kann Ihnen einige Kopfschmerzen ersparen.*

*In der ersten Jahreshälfte werden Sie eine Mischung aus guten und schwierigen Zeiten erleben, denn Ihre Ausgaben werden steigen, aber Sie werden auch mehr*

*Geld verdienen. Wenn Sie Ihre Ausgaben nicht unter Kontrolle haben, könnten Sie finanzielle Probleme bekommen.*

*Wie auch immer, dank Jupiter werden Sie Geld sparen können, da Ihnen Mittel aus verschiedenen Quellen zur Verfügung stehen, und Sie werden ein Haus kaufen können, falls Sie sich das Wünschen.*

*Wenn Sie nicht krankenversichert sind, können die Gesundheitskosten Ihre Finanzen belasten. Deshalb müssen Sie auf Ihre Ausgaben achten und klug mit Ihrem Geld umgehen. Denken Sie daran, kluge finanzielle Entscheidungen zu treffen.*

### *Löwe Gesundheit*

*Sie werden in diesem Jahr bei fantastischer Gesundheit sein. Sie werden sich energiegeladen, glücklich und stark fühlen, sowohl körperlich als auch geistig und seelisch. Mentale Stärke ist wichtig, und zum Glück wirst du das Jahr mit einer starken Mentalität beginnen. Wenn Sie sich gesund fühlen, werden Sie bei Ihrer Arbeit erfolgreich sein.*

*Sie werden gesund und frei von Krankheiten sein. Wenn Sie chronische Gesundheitsprobleme haben, könnte dies das Jahr sein, in dem Sie sie überwinden.*

*Um gesund zu bleiben, sollten Sie Meditation und Bewegung in Ihre tägliche Routine aufnehmen. Vergessen Sie nicht, dass ein ruhiger und stressfreier Geist der Schlüssel zum Gesundbleiben ist.*

*Ruhe ist wichtig für die Gesundheit; Sie sollten viel Wasser trinken und sich dem Sonnenlicht aussetzen, um Vitamin D zu erhalten.*

*Bei erwachsenen Löwe s können Knie- oder Gelenkschmerzen auftreten, vor allem im Winterhalbjahr.*

*Ändern Sie Ihre Essgewohnheiten für eine bessere Gesundheit. Seien Sie vorsichtig bei Unfällen und Verletzungen, besonders beim Autofahren oder beim Sport.*

### Familie

*Sie werden sich auf Heim- und Familienangelegenheiten konzentrieren. Du wirst daran arbeiten, Projekte zu Hause zu beenden, und das wird dir helfen, dich wohler, stabiler und emotional sicherer zu fühlen.*

*Während der Vollmondphasen können familiäre Probleme auftauchen, und es ist wichtig, sie anzusprechen und zu lösen.*

*Das familiäre Umfeld wird in diesem Jahr im Allgemeinen sehr ruhig und harmonisch sein. Auftretende Probleme werden gütlich gelöst werden. Bei erwachsenen Familienmitgliedern könnte es gesundheitliche Probleme geben, die ärztliche Hilfe erfordern.*

*Berufliche Verpflichtungen können dazu führen, dass Sie sich von Ihren Familienmitgliedern trennen müssen, aber es wird auch Feiern geben und neue Familienmitglieder werden hinzukommen.*

*Gelegentliche Trennungen von Ihrem Partner könnten durch familiäre Unstimmigkeiten verursacht werden. Seien Sie im Umgang mit Ihren Geschwistern sehr vorsichtig, denn es könnte zu rechtlichen Problemen aufgrund von Erbschaften oder Vermächtnissen kommen. Handeln Sie nicht voreilig.*

*Wenn Sie alleinstehend sind, können Sie vielleicht eine stabile Beziehung aufbauen, aber im Allgemeinen gibt es zahlreiche Möglichkeiten, Ihre Liebesbeziehungen zu verbessern.*

### Wichtige Termine

**25. März** - *Mondfinsternis in Löwen (Vollmond)*

*Diese Sonnenfinsternis wird Einstellungen, die Sie verletzen, ein Ende setzen. Du solltest versuchen, den*

Menschen, die deinen Weg gekreuzt haben, Grenzen zu setzen. Es besteht die Möglichkeit, dass du eine giftige Beziehung beendest, und das wird zu deinem eigenen Besten sein.

**2. Juli** - Merkur tritt in den Löwen ein.

**11. Juli** - Venus tritt in den Löwen ein. Dieser Transit wird sich auf deine romantischen Beziehungen und die Art und Weise, wie du mit anderen umgehst, auswirken. Du könntest in Beziehungen auch dramatischer und anspruchsvoller werden, sei also sehr vorsichtig.

**22. Juli -** Die Sonne tritt in den Löwen ein. Glückliche Rückkehr der Sonne.

**08/04/2024 Neumond in Löwen.** Während dieser Zeit sind Sie enthusiastisch, aufgeregt und bereit zu handeln. Gelegenheiten könnten sich Ihnen bieten. Du solltest die Initiative ergreifen und das tun, was du willst, und die Dinge in die Tat umsetzen. Dieser Neumond kommt ein paar Tage vor dem rückläufigen Merkur in deinem Zeichen, so dass du dich vielleicht mehr auf eine zweite Chance konzentrierst.

 **14.8.2024 bis 28.8.2024 Merkur wird rückläufig in Löwen** *(nach Beginn in Jungfrau). Das kann zu vielen Missverständnissen und Unkonzentriertheit führen, und Sie haben das Gefühl, dass immer wieder kleine Dinge auftauchen, die Ihre Aufmerksamkeit erfordern. Sie könnten zerstreut, ängstlich und gestresst sein. Versuchen Sie, vor Beginn der Rückläufigkeit einige gesunde Stressbewältigungsstrategien zu entwickeln, damit Sie gut damit umgehen können und es Ihnen leichtfällt.*

**4. November -** *Mars tritt in den Löwen ein. Mars in deinem Zeichen ist traditionell eine Zeit großer Energie und Begeisterung für Neuanfänge und Geschäfte. Du wirst von den Möglichkeiten, die sich dir bieten, begeistert sein. Nutzen Sie dies frühzeitig, denn Mars wird ab dem 6. Dezember in Ihrem Zeichen rückläufig sein und beendet das Jahr rückläufig in Löwen. Das kann Ihre Frustrationen und Ärgernisse verstärken, etwas, das Sie leicht reizt und Sie explodieren lässt. Infolgedessen kann es zu kleinen Unfällen kommen.*

**18. November 19 -** *Löwe neiden-Meteoritenschauer im Löwen. Meteoritenschauer stehen für Zeiten des Übergangs. Dies ist eine ausgezeichnete Gelegenheit, der Welt zu zeigen, wie Sie gesehen werden wollen.*

*Sie könnten eine Reise planen oder Freundschaften aus der Vergangenheit wieder aufnehmen. Dieser Meteoritenschauer steht für eine Zeit des Glaubens und des Vertrauens.*

### Löwe Monatliche Horoskope 2024

### Januar 2024

*Löwe, in diesem Monat könnten Sie die Liebe finden, während Sie noch im Urlaub sind. Wenn das nicht der Fall ist, treffen Sie Ihre bessere Hälfte vielleicht in der Schule oder bei der Arbeit.*

*Ihr Charisma wird Ihnen beneidenswerte Begegnungen bescheren und die Erotik wird Ihr Leben beherrschen. Leider, wenn alles in Ordnung zu sein scheint, wird das Phantom der Eifersucht sich leise nähern und Sie mit den unrealistischsten Ängsten plagen.*

*Der gleichmütigere Löwe wird seine Zweifel ablegen. Bei der Arbeit wird es nichts Neues geben, alles wird seinem Rhythmus folgen und es wird keine besonderen Veränderungen geben.*

*Nach dem 23. müssen Sie sehr geduldig sein und vorsichtig kommunizieren. Es ist wichtig, dass Sie keine Versprechungen machen, die Sie nicht halten können. Versuchen Sie, Ihre Gefühle richtig auszudrücken, auch wenn Sie nicht zufrieden sind.*

*Bei der Arbeit werden Sie sehr leistungsfähig und produktiv sein, aber es ist ratsam, dass Sie sich auf die Erledigung der anstehenden Aufgaben konzentrieren,*

*Der Erfolg wird in Ihrem Leben präsent sein, aber Sie sollten seine Wirkung nicht überschätzen und sich auf eine Investition oder einen großen Kauf einlassen. Wenn das geschieht, laufen Sie Gefahr, Ihre finanzielle Liquidität zu verlieren.*

*Der Löwe sollte auf seine Intuition vertrauen, wenn er nach Einkommensquellen sucht.*

*Der Januar ist eine gute Zeit, um ein Kind zu bekommen.*

**Glückszahlen**
*6 - 10 - 12 - 14 - 31*


### Februar 2024

*In diesem Monat der Liebe wirst du enthusiastisch sein und mehr als eine Sache auf einmal tun wollen. Treffen Sie keine Entscheidung, ohne nachzudenken, wenn Sie impulsiv handeln, wird alles schief gehen. Sie werden in turbulente Situationen verwickelt sein.*

*Wer einen Partner hat, wird zufriedenstellende Tage im sexuellen Bereich erleben. Für Singles wird jede*

*Begegnung von Erotik geprägt sein, daher ist es ratsam, ambivalente Situationen zu vermeiden.*

*Seien Sie mit Ihrer Familie vorsichtig, wenn Sie unterwegs sind, besonders bei Regen, denn es besteht Unfallgefahr.*

*Manche Pannen können bei Haushaltsgeräten in Ihrer Wohnung auftreten.*

*Seien Sie bei der Kommunikation sehr vorsichtig. Auch in Textnachrichten und E-Mails müssen Sie den richtigen Ton treffen. Wenn dies jedoch die einzige Möglichkeit ist, die Ihnen zur Verfügung steht, sollten Sie sie zu Ihrem Vorteil nutzen. Versuchen Sie, in Ihrer Kommunikation so viel gute Laune wie möglich zu bewahren.*

**Glückszahlen**
*2 - 24 - 28 - 29 – 31*

## März 2024

*Sie werden in diesem Monat lineare Emotionen erleben, sich im Kopf verwirrt, im Herzen nervös und mit übertriebenen Gefühlen fühlen.*

*Sie brauchen viel Umsicht in der Liebe und Geduld mit Ihren Arbeitskollegen, um diese schwierige Zeit zu überstehen.*

*Wenn Sie viele Projekte und Ideen haben, müssen Sie daran denken, dass alles mit der Zeit Früchte trägt. Anstatt zu hetzen, sollten Sie die Gelegenheit nutzen, Ihre Projekte zu perfektionieren.*

*Im Bereich der Finanzen sind Sie nicht vor unnötigen Ausgaben gefeit, die Ihr Budget sabotieren. Versuchen Sie, vorsichtig zu sein.*

*Trotz Kontroversen mit Ihren Kollegen und Vorgesetzten werden Sie Ihre Ziele erreichen und wichtige materielle Verbesserungen erzielen. Diejenigen, die selbständig arbeiten, werden die Unterstützung des Schicksals haben, um bei allem, was sie beginnen, erfolgreich zu sein, und sie werden ihre Kaufkraft steigern können.*

*Lassen Sie sich am Ende des Monats vom Leben überraschen und genießen Sie die Freuden, die es Ihnen bietet. Denken Sie daran, dass nicht nur die Arbeit wichtig ist, sondern dass Sie auch Spaß haben und Zeit mit Ihren Freunden verbringen sollten.*

*Glückszahlen*
*3 - 6 - 11 - 19 - 21*

## April 2024

*In diesem Monat wird die Liebe sehr gut sein. Wenn Sie anfangen, jemanden kennenzulernen, werden Sie sich wahrscheinlich sehr verbunden fühlen, Sie müssen nur geduldig sein.*

*Die Familie wird in diesem Monat in den Hintergrund treten, aber Sie werden sich nicht schuldig fühlen wie in anderen Zeiten.*

*Hören Sie nicht auf, sich mit der Person zu treffen, die plötzlich in Ihrem Leben auftaucht, auch wenn Sie Angst empfinden, ist es wichtig, dieses Gefühl der Unsicherheit nicht mit Angst zu verwechseln. Was Sie haben, sind Zweifel, die mit schlechten Erfahrungen aus der Vergangenheit zusammenhängen. Sie müssen der Liebe eine Chance geben.*

*Achten Sie sorgfältig auf Ihre Gesundheit. Die Hektik des Lebens kann Sie dazu zwingen, bestimmte wiederkehrende Krankheiten zu ignorieren, was zu unglücklichen Folgen führen kann. Sie müssen ein vernünftiges Gleichgewicht zwischen Arbeit und Erholung finden. Sie sollten ein Hobby haben, lang* ersehnte Dinge kaufen, sich mit Freunden treffen oder Zeit mit Ihrer Familie verbringen.

Am Ende des Monats werden Sie wichtige Entscheidungen über Ihre zukünftige Karriere treffen müssen. Wenn Sie keinen Job haben, müssen Sie einige Optionen analysieren, die in diesem Zeitraum nicht günstig aussehen.

### Glückszahlen

9 - 10 - 16 - 20 - 31

## Mai 2024

Eine Person, die Sie sehr gut kennen, hat Gefühle für Sie. Dieser Gesinnungswandel ist ein Anzeichen dafür, dass er oder sie an Ihnen interessiert ist.

In Ihrem Haus passieren viele Dinge, von denen Sie vielleicht nichts wissen.

Ende des Monats könnte eine Geschäftsreise auf Sie warten.

Sie sollten nicht in Immobilien investieren oder Autos kaufen; diese Art von Käufen können Probleme verursachen. Es wird mehr Kosten verursachen, als Sie zu Beginn erwartet haben.

*Alleinstehende Löwe s sind auf der Suche nach einem Partner. Denken Sie daran, dass ein erster Eindruck und interessante Gesprächsthemen wichtig sind. Es ist am besten, dass sie ohne Eile handeln, um eine zufriedenstellende Beziehung nicht zu ruinieren.*

*Sie arbeiten mit vielen Menschen zusammen, und manchmal sind einige von ihnen unerträglich. Lassen Sie sich davon nicht beeinflussen, beginnen Sie, die Fehler der anderen zu akzeptieren, so wie sie Ihre akzeptieren.  Sie werden bei der Arbeit eine Konfrontation mit jemandem haben, lassen Sie die Beziehung nicht zerbrechen.*

***Glückszahlen***
*7 - 8 - 16 - 22 - 31*

## *Juni 2024*

*Lassen Sie sich in diesem Monat nicht von den Fehlern der Vergangenheit davon abhalten, wieder zu lieben, Sie müssen diesen großen Schritt mit der Person machen, die Sie gerade kennenlernen. Lass nicht zu, dass sich andere Menschen in deine Beziehung einmischen.*

*Zu Beginn dieses Monats werden Sie mit Ihrer schlechten Laune zu kämpfen haben, und Sie werden sich sehr unter Druck gesetzt und verwirrt fühlen.*

*Anstatt herumzurennen, sollten Sie eine Pause einlegen. Nutzen Sie diese Zeit, um darüber nachzudenken, was Sie tun wollen. Im finanziellen Bereich werden Sie einige Höhen und Tiefen erleben, die schwer zu bewältigen sein werden, wenn Sie Ihre Ausgaben nicht organisieren.*

*Sie müssen die Art und Weise, wie Sie Ihre Arbeit verrichten, ändern, es fällt Ihnen schwer, bestimmte Dinge zu tun, vor allem, wenn es um Technik geht.*

*Am Ende des Monats werden Sie jedoch sehr enthusiastisch sein und sich in allem, was Sie tun, auszeichnen. Das kann dazu führen, dass andere Sie um Ihren Erfolg beneiden.*

*In diesem Monat werden Sie Probleme im Zusammenhang mit dem Verdauungssystem haben, also achten Sie auf eine gesunde und ausgewogene Ernährung und versuchen Sie, sich ausreichend auszuruhen. Versuchen Sie, Frieden und Ihre eigene Harmonie zu finden.*

**Glückszahlen**
*5 - 9 - 13 - 20 - 26*

**Juli 2024**

*Dies ist kein guter Monat, um eine Romanze zu beginnen, und für diejenigen, die bereits eine Beziehung haben, wird die Situation kritisch sein. Sie müssen kluge Entscheidungen in der Liebe zu machen, wenn Sie mit jemandem für einige Zeit und diese Person hat alles, was Sie brauchen, um glücklich zu sein, haben keine Angst, eine ernsthafte Verpflichtung zu schaffen.*

*Sie sollten Ihre Ernährung überprüfen. Gehen Sie an der frischen Luft spazieren und treiben Sie regelmäßig Sport. Sie müssen die Angst davor verlieren, toxische Beziehungen zu beenden, denn Sie müssen Ihr Leben selbst in die Hand nehmen. Es ist an der Zeit, schlechte Gewohnheiten aufzugeben.*

*Die Einschränkungen, die Sie Ihrem Leben und dem Leben Ihrer Familienmitglieder auferlegen, sollten Sie loslassen. Sie müssen nicht ständig Einfluss auf das Leben anderer Menschen nehmen. Wenn jemand etwas tut, was nicht in Ordnung ist, beraten Sie ihn oder sie, aber entscheiden Sie nicht für diese Person.*

*Bevor Sie wichtige Investitionsentscheidungen treffen, sollten Sie mit Ihren Angehörigen sprechen. Ihre Familie wird Ihnen helfen, erfolgreich zu sein. Hören Sie auf ihre Ideen. Eine gute Finanzplanung in*

*Verbindung mit vernünftigen Ausgaben führt zu der finanziellen Stabilität, die Sie brauchen.*

***Glückszahlen***
*18 - 20 - 25 - 28 - 32*

### August 2024

*Denken Sie in diesem Monat daran, dass Sie nicht die Schuld anderer tragen sollten, auch wenn es Ihr Partner oder Ihre Eltern sind. Jeder sollte für sein eigenes Wachstum verantwortlich sein.*

*Sie müssen sich darüber im Klaren sein, was Sie wollen, wenn Sie sich der Person nähern, zu der Sie sich hingezogen fühlen, denn diese Person ist jemand, der keine Spielchen akzeptiert und eine Partnerschaft fürs Leben eingehen will. Er oder sie ist wahrscheinlich Ihr Seelenverwandter.*

*Sie können nicht mehr Geld verdienen, wenn Sie nicht investieren. Sie haben es sich in Ihrer Komfortzone zu bequem gemacht, aber Sie müssen einen Vertrauensvorschuss geben.*

*Am Ende des Monats werden gewisse Hindernisse Ihre Pläne durch Verzögerungen und mangelnde Kommunikation sabotieren. Es besteht die*

*Möglichkeit, ins Ausland zu reisen, sowohl zum Vergnügen als auch aus geschäftlichen Gründen. Denken Sie daran, die Gelegenheit nicht zu verpassen, sich in Ihrem beruflichen Bereich zu erneuern, geben Sie nicht vor, mit dem gleichen Wissen, das Sie in Ihrem Studium erworben haben, erfolgreich zu sein, es ist gut, weiter zu lernen. Sie sollten Fortgeschrittenenkurse besuchen, neue Technologien kennen und anwenden lernen.*

***Glückszahlen***
*9 - 13 - 21 - 22 - 27*

### September 2024

*In diesem Monat gibt es planetarische Aspekte, die sich auf Ihren Beruf auswirken werden. Eine skrupellose Person wird Sie bei einem Projekt in Verzug bringen.*

*Wenn Sie keinen Partner haben, sollten Sie darüber nachdenken, mit Freunden auszugehen und Kontakte zu knüpfen, denn die Liebe liegt buchstäblich auf Ihrem Weg. Denken Sie daran, dass das Chaos, das überall herrscht, Sie nicht zu beeinträchtigen braucht. Versuchen Sie, die Probleme der anderen nicht zu Ihren Problemen zu machen.  Versuchen Sie, nah genug dran zu sein, um zu beobachten, aber weit genug weg, um Ihre Hände sauber zu halten.*

*In diesem Monat werden Sie das Bedürfnis haben, jemanden anzurufen, um sich für einen Fehler zu entschuldigen, der Ihnen unterlaufen ist, es könnte sich um einen Ex-Partner handeln.*

*Sie stehen am Anfang eines wichtigen Lebensabschnitts; es ist an der Zeit, über die Schritte nachzudenken, die Sie unternehmen müssen, um all das zu erreichen, was Sie sich vorgenommen haben.*

*Ihr Handeln am Ende des Monats wird die gewünschten Ergebnisse bringen. Die Dinge werden zur Normalität zurückkehren. Wenn sich ein Projekt zufällig verzögert, versuchen Sie nicht, es zu überstürzen, sondern nutzen Sie die Gelegenheit, es ein wenig mehr zu strukturieren, denn die Verzögerung ist ein Zeichen dafür, dass Sie sich um Details kümmern sollten, die Sie bisher vernachlässigt haben.*

**Glückszahlen**
*5 - 6 - 26 - 31 - 33*

## *Oktober 2024*

*In diesem Monat werden Sie sich in Situationen wiederfinden, die sehr starke Emotionen wecken, mit denen Sie nicht umgehen können. Sie werden alles persönlich nehmen.*

*In finanzieller Hinsicht ist es ratsam, nicht zu viele große Anschaffungen zu tätigen. Versuchen Sie, Ihre Ausgaben unter Kontrolle zu halten.*

*Sie werden in der Lage sein, vorteilhafte Vereinbarungen mit Ihren Vorgesetzten zu treffen, obwohl Sie die Ergebnisse erst mit der Zeit sehen werden. Sie müssen sehr vorsichtig mit Ihren Reaktionen sein.*

*Lassen Sie sich nicht entmutigen, wenn ein medizinisches Ergebnis nicht wie erwartet ausfällt, Sie können die Situation später wieder umkehren.*

*Sie werden mit jemandem konfrontiert werden, der großen Einfluss auf Ihre Arbeit hat, und Sie können nicht zulassen, dass er Sie übergeht.*

*Einige familiäre Konflikte werden Ihr Leben am Ende des Monats verbittern. Es ist ratsam, die Probleme beiseitezulassen und nicht zuzulassen, dass die Differenzen, die Sie hatten, größer werden.*

**Glückszahlen**
*4 - 5 - 18 - 20 – 32*

### *November 2024*

*In diesem Monat werden Sie viele Dinge, die Sie mögen, beiseitelegen und der Arbeit den Vorrang geben, um mehr Geld zu verdienen. Hören Sie nicht auf, Sport zu treiben, denn er bringt große Vorteile für Ihre Gesundheit und Ihre Stimmung. Du solltest auch Raum für Spaß lassen, nicht immer sollte alles Arbeit sein, du solltest anfangen, mehr zu genießen.*

*Sie werden sehr wenig Geduld mit den Menschen haben, mit denen Sie zusammenarbeiten, und das wird Ihnen so unangenehm sein, dass Sie Ihren Arbeitsplatz verlassen und sich nach anderen Möglichkeiten umsehen wollen. Reibung ist normal, vor allem, wenn wir jeden Tag mit denselben Menschen zusammenarbeiten.  Sie sollten den Ort, an dem Sie sich befinden, nicht verlassen, denn es ist wahrscheinlich, dass Sie nichts mit den gleichen Bedingungen finden werden.*

*Es ist keine gute Idee, sich bei seinem Partner über alles zu beschweren. Liebe ist eine Investition. Das Geld, die Zeit und die Mühe, die wir investieren, werden in das Wohlbefinden der Person, die wir lieben, umgewandelt.*

*Vielleicht möchten Sie mit jemandem zusammenarbeiten, den Sie nicht kennen, um ein Unternehmen zu gründen. Sie müssen Ihre Strategien klug formulieren.*

**Glückszahlen**
*3 - 25 - 28 - 34 – 36*

## Dezember 2024

*Die planetarischen Aspekte in diesem Monat könnten Ihre Bemühungen zunichtemachen. Die Gefahr, dass Sie mit Ihren Ideen durcheinanderkommen, ist groß, also treffen Sie keine Entscheidungen oder machen Sie den Mund auf, ohne nachzudenken.*

*Die Art und Weise, wie Sie Geld verdienen, wird sich ändern. Sie haben die Möglichkeit, in Ihrer Arbeit eine große Leistung zu erbringen.*

*Sie müssen Ihrem Partner gegenüber toleranter sein, Sie können nicht ständig denken, dass die Fehler, die er/sie macht, ein Grund sind, die Beziehung zu beenden.*

*Leider werden Sie die Folgen von Entscheidungen, die Sie vor Monaten getroffen haben, zu spüren bekommen. Sie sollten Ihre Ambitionen zurückstellen und Ihre Aufmerksamkeit auf Familienangelegenheiten richten. Wenn Sie Veränderungen in Ihrem beruflichen Bereich planen, warten Sie besser bis zum nächsten Jahr.*

*Wenn Sie sich nach einer Beziehung sehnen, wartet die Liebe auf Sie, es gibt eine Gelegenheit für eine leidenschaftliche Romanze am Horizont. Am Ende des Monats mit den Feiertagen können Sie unter Magenproblemen leiden, die nicht unterschätzt werden sollten. Übergewichtige Menschen sollten im Januar mit der Planung einer Gewichtsabnahme beginnen. Zum Ende des Jahres geraten die Dinge aus dem Ruder oder verlangsamen sich.*

**Glückszahlen**

*5 - 11 - 16 - 34 - 36*

### *Die Tarotkarten, eine rätselhafte und psychologische Welt.*

*Das Wort Tarot bedeutet "Königsweg", es ist eine jahrtausendealte Praxis, es ist nicht genau bekannt, wer das Kartenspiel im Allgemeinen und das Tarot im Besonderen erfunden hat; es gibt die unterschiedlichsten Hypothesen in diesem Sinne.*

*Manche sagen, dass sie in Atlantis oder Ägypten entstanden sind, andere wiederum glauben, dass die Tarots aus China oder Indien, aus dem alten Land der Zigeuner oder durch die Katharer nach Europa gekommen sind. Tatsache ist, dass Tarotkarten astrologische, alchemistische, esoterische und religiöse Symbolik, sowohl christliche als auch heidnische, in sich vereinen.*

*Wenn man bis vor kurzem das Wort "Tarot" erwähnte, stellten sich manche Leute einen Zigeuner vor, der in einem von Mystik umgebenen Raum vor einer Kristallkugel sitzt, oder sie dachten an schwarze Magie oder Hexerei, aber das hat sich heute geändert.*

*Diese uralte Technik hat sich der neuen Zeit angepasst, sie hat sich mit der Technologie verbunden, und viele junge Menschen interessieren sich sehr dafür.*

*Junge Menschen haben sich von der Religion abgekapselt, weil sie glauben, dass sie dort nicht die Lösung für ihre Bedürfnisse finden, sie haben die Dualität der Religion erkannt, was bei der Spiritualität nicht der Fall ist. Überall in den sozialen Netzwerken findet man Konten, die dem Studium und den Tarot-Lesungen gewidmet sind, da alles, was mit Esoterik zu tun hat, in Mode ist, in der Tat werden einige hierarchische Entscheidungen unter Berücksichtigung des Tarots oder der Astrologie getroffen.*

*Bemerkenswert ist, dass die Vorhersagen, die normalerweise mit dem Tarot zu tun haben, nicht die gefragtesten sind, sondern die, die mit Selbsterkenntnis und spiritueller Beratung zu tun haben, am meisten nachgefragt werden.*

*Das Tarot ist ein Orakel, durch seine Zeichnungen und Farben, stimulieren wir unsere psychische Sphäre, den innersten Teil, der über das Natürliche hinausgeht. Viele Menschen wenden sich an das Tarot als spirituelle oder psychologische*

*Führer, weil wir in unsicheren Zeiten leben, und dies drängt uns, Antworten in der Spiritualität zu suchen.*

*Es ist ein so mächtiges Werkzeug, das Ihnen konkret sagt, was in Ihrem Unterbewusstsein vor sich geht, so dass Sie es durch die Linse einer neuen Weisheit wahrnehmen können.*

*Carl Gustav Jung, der berühmte Psychologe, verwendete die Symbole der Tarotkarten in seinen psychologischen Studien. Er schuf die Theorie der Archetypen, in der er eine umfangreiche Summe von Bildern entdeckte, die in der analytischen Psychologie helfen.*

*Die Verwendung von Zeichnungen und Symbolen, die an ein tieferes Verständnis appellieren, wird in der Psychoanalyse häufig eingesetzt. Diese Allegorien sind ein Teil von uns und entsprechen den Symbolen unseres Unterbewusstseins und unseres Geistes.*

*Unser Unbewusstes hat dunkle Bereiche, und wenn wir visuelle Techniken verwenden, können wir verschiedene Teile davon erreichen und Elemente unserer Persönlichkeit enthüllen, die wir nicht kennen. Wenn Sie diese Botschaften durch die bildhafte Sprache des Tarots entschlüsseln können, können Sie wählen, welche Entscheidungen Sie im Leben treffen,* um das Schicksal zu erschaffen, das Sie wirklich wollen.

Das Tarot mit seinen Symbolen lehrt uns, dass ein anderes Universum existiert, vor allem in der heutigen Zeit, in der alles so chaotisch ist und für alles eine logische Erklärung gesucht wird.

### Die Welt, Tarotkarte für Löwe 2024

Symbol für Erfolg, Sieg und ein angenehmes Leben. Es bedeutet die Verwirklichung Ihrer Pläne. Es ist das Ende und der Anfang von etwas Besserem, ein neuer Zyklus in deinem Leben.

Ihre Bemühungen werden endlich Früchte tragen, und es zeigt an, dass Sie das Ende einer Reise erreicht oder einen wichtigen Abschnitt in Ihrem Leben abgeschlossen haben.

*Sie haben auf Ihrem Weg Entbehrungen und Herausforderungen erlebt, aber diese haben Sie nur stärker und weiser gemacht. Sie sind erfahrener als zu Beginn Ihrer Reise.*

*Diese Tarotkarte ist ein Indikator für einen wichtigen und unaufhaltsamen Wandel von tektonischem Ausmaß. Diese Veränderung stellt eine Gelegenheit für Sie dar, dem Alten ein Ende zu setzen und dem Neuen einen guten Start zu geben.*

*Er deutet auf Reife, inneres Gleichgewicht und tieferes Verständnis hin.*

*Es deutet darauf hin, dass Sie sich einem reiferen Verständnis Ihrer Identität und dem Selbstvertrauen nähern, das mit dem Alter kommt.*

*Er steht auch für den Fall von Barrieren, manchmal im spirituellen, manchmal im rein physischen Sinne, was auf eine Zukunft mit Reisen hinweist.*

## Runen des Jahres 2024

Runen sind eine Reihe von Symbolen, die ein Alphabet bilden. "Rune" bedeutet Geheimnis und symbolisiert das Geräusch, wenn ein Stein auf einen anderen trifft. Runen sind eine uralte visionäre und magische Methode.

Runen dienen nicht für exakte Vorhersagen, aber sie dienen dazu, Sie über ein zukünftiges Ereignis, ein Thema oder eine Entscheidung zu informieren.

Die Runen haben eine bestimmte Bedeutung für die Person, die es will, sondern auch einige Botschaft im Zusammenhang mit den Widrigkeiten, die im Leben entstehen.

## *Othila, Rune des Löwen 2024*

In der Antike maßen die Wikinger der Othila-Rune große Bedeutung bei, da sie das Wohlergehen der Familie und des Hauses symbolisiert.

Othila ist eine günstige Rune für den Erwerb von Eigentum und Investitionen in materielle Dinge. Sie prophezeit Erfolg bei dem, was man beginnt, persönliche Entwicklung und erfüllte Ziele. Sie sagt voraus, dass du die Belohnung für deinen Mut erhältst und sich Gelegenheiten zum Aufstieg ergeben.

Diese Rune zeigt an, dass Sie sich von Fachleuten beraten lassen sollten, damit Sie die anstehenden Herausforderungen meistern können.

Es ist nicht leicht, sich von den Menschen zu trennen, die Sie lieben, aber es ist notwendig, um Ihre Ziele zu erreichen, was auch Ihrem familiären, sozialen und beruflichen Umfeld schaden wird. Nehmen Sie die Herausforderung an und konzentrieren Sie sich auf den Weg, den Sie eingeschlagen haben.

Du darfst kein dreidimensionales Leben haben, das dich auffrisst. Du musst anpassungsfähig und geschickt sein, um deinen Kurs zu ändern. Du kannst nicht immer weglaufen, es ist Zeit, den Sprung zu wagen, die Extrameile zu gehen und auf eigenen Beinen zu stehen.

In gesundheitlichen Fragen rät er Ihnen, eine Pause einzulegen und sich gut zu erholen. Sie waren mit vielen Dingen gleichzeitig beschäftigt, oder Sie waren einfach sehr aktiv, deshalb empfiehlt er Ihnen eine Pause.

Nehmen Sie sich einen wohlverdienten Urlaub und tanken Sie neue Energie, um mit bester Laune zurückzukommen und Ihre Projekte fortzusetzen oder neue Dinge zu beginnen.

## *Glückliche Farben*

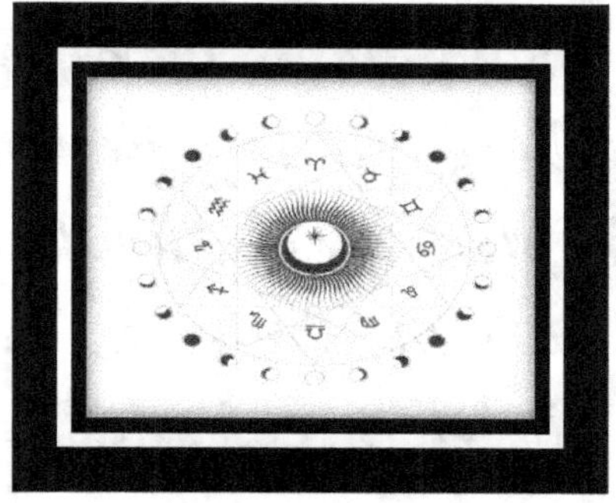

*Farben haben eine psychologische Wirkung auf uns; sie beeinflussen unsere Wertschätzung von Dingen, unsere Meinung über etwas oder jemanden und können dazu dienen, unsere Entscheidungen zu beeinflussen.*

*Die Traditionen zur Begrüßung des neuen Jahres variieren von Land zu Land, und in der Nacht zum 31. Dezember ziehen wir Bilanz über all die positiven und negativen Dinge, die wir im zu Ende gehenden Jahr erlebt haben. Wir beginnen zu überlegen, was wir tun können, um unser Glück im neuen Jahr zu verbessern.*

*Es gibt mehrere Möglichkeiten, positive Energien zu uns zu ziehen, wenn wir das neue Jahr empfangen, und eine davon ist, Accessoires in einer bestimmten Farbe zu tragen, die das anzieht, was wir uns für das neue Jahr wünschen.*

*Farben haben energetische Ladungen, die unser Leben beeinflussen, daher ist es immer ratsam, das Jahr in einer Farbe zu beginnen, die die Energien dessen anzieht, was wir erreichen wollen.*

*Dafür gibt es Farben, die mit jedem Sternzeichen positiv schwingen. Die Empfehlung ist also, dass Sie die Kleidung mit dem Farbton tragen, der Sie im Jahr 2024 Wohlstand, Gesundheit und Liebe anziehen lässt. (Diese Farben können auch während des restlichen Jahres für wichtige Anlässe oder zur Verschönerung Ihrer Tage verwendet werden).*

*Denken Sie daran, dass es zwar üblich ist, rote Unterwäsche für die Leidenschaft, rosa für die Liebe und gelb oder Gold für den Reichtum zu tragen, dass es aber nie zu viel ist, die Farbe in unsere Kleidung aufzunehmen, die unserem Sternzeichen am meisten entspricht.*

### Glücksfarbe für Löwe

### Löwe

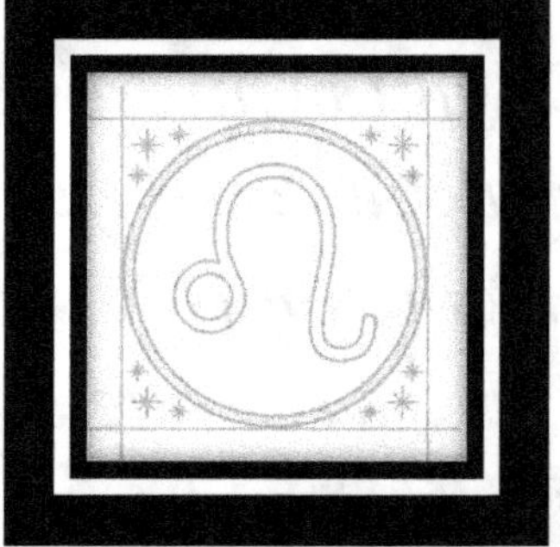

### Rosa

**Die Schlüsselwörter für Rosa sind** *Unschuld, Liebe, totale Hingabe und Hilfe für andere.*

Rosa ist eine emotional entspannende Farbe und beeinflusst Gefühle, indem sie sie sanft, weich und tief macht.

Sie lässt uns Zuneigung, Liebe und Schutz spüren. Es bringt uns auch weg von der Einsamkeit und macht uns zu sensiblen Menschen.

So wie Rot eher die sexuelle Seite widerspiegelt, wird Rosa mit altruistischer und wahrer Liebe assoziiert.

Rosa ist die Farbe der universellen Liebe, der Liebe zu sich selbst und zu anderen, der Freundschaft, der Zuneigung, der Harmonie und des inneren Friedens.

Verwenden Sie Rosa, wenn Sie eine Beziehung fördern wollen, sei es eine Freundschaft oder eine romantische.

## Glücksbringer

Wer besitzt nicht einen Glücksring, eine Kette, die nie abfällt, oder einen Gegenstand, den er für nichts auf der Welt hergeben würde? Wir alle schreiben bestimmten Gegenständen, die uns gehören, eine besondere Kraft zu, und dieser besondere Charakter, den sie für uns annehmen, macht sie zu magischen Gegenständen.

Damit ein Talisman wirken und die Umstände beeinflussen kann, muss sein Träger an ihn glauben, was ihn in ein wunderbares Objekt verwandelt, das in der Lage ist, alles zu erreichen, was von ihm verlangt wird.

In der Regel ist ein Amulett ein Gegenstand, der das Gute besänftigt, um Böses, Schaden, Krankheiten und Hexerei zu verhindern.

Amulette für Glück können Ihnen helfen, ein Jahr 2024 voller Segen in Ihrem Zuhause, bei der Arbeit, mit Ihrer Familie zu haben, Geld und Gesundheit anzuziehen. Damit die Amulette richtig funktionieren, sollten Sie sie nicht an andere verleihen und immer zur Hand haben.

Amulette gab es in allen Kulturen und sie werden aus Elementen der Natur hergestellt, die als Katalysatoren für Energien dienen, die dazu beitragen, menschliche Wünsche zu erfüllen.

Dem Amulett wird die Macht zugesprochen, Übel, Zauber, Krankheiten und Katastrophen abzuwehren oder bösen Wünschen entgegenzuwirken, die durch die Augen anderer gewirkt werden.

## *Amulett für Löwe*

### *Einhorn.*

*Das Einhorn symbolisiert die Hoffnung auf Heilung und die Kraft, die wir alle suchen. Das Einhorn kann verwendet werden, um deine übersinnlichen Gaben zu verstärken.*

*Das Einhorn steht für Reinheit, bedingungslose Liebe und Magie. Dieses Fabelwesen wird für seine göttliche Kraft und als Energiequelle verehrt, die es uns ermöglicht, uns mit der spirituellen Welt zu verbinden. Die Anwesenheit des Einhorns in deinem Leben wird dich daran erinnern, dass Magie und Liebe immer vorhanden sind und dass du stark bist. Es ist ein Tier, das Glück und Gerechtigkeit anzieht. Als Symbol der Reinheit und wird schützen und bewahren Sie vor allem Bösen.*

## *Glücksquarz*

*Wir alle fühlen uns zu Diamanten, Rubinen, Smaragden und Saphiren, also zu Edelsteinen, hingezogen. Halbedelsteine wie Karneol, Tigerauge, weißer Quarz und Lapislazuli werden ebenfalls sehr geschätzt, da sie schon seit Tausenden von Jahren als Schmuck und Machtsymbol verwendet werden.*

*Was viele nicht wissen, ist, dass sie nicht nur wegen ihrer Schönheit geschätzt wurden: Jede von ihnen hatte eine heilige Bedeutung, und ihre heilende Wirkung war ebenso wichtig wie ihr dekorativer Wert.*

*Die meisten Menschen kennen die bekanntesten Kristalle wie Amethyst, Malachit und Obsidian, aber heutzutage sind auch neue Kristalle wie Lari mär, Petalit und Phenacit bekannt geworden.*

*Ein Kristall ist ein fester Körper mit einer geometrisch regelmäßigen Form, Kristalle entstanden bei der Entstehung der Erde und haben sich im Laufe der Veränderungen auf dem Planeten immer weiter gewandelt, Kristalle sind die DNA der Erde, sie sind Miniaturspeicher, die die Entwicklung unseres Planeten über Millionen von Jahren enthalten.*

*Einige wurden unter außerordentlichem Druck gebogen, andere wuchsen in tief unter der Erde vergrabenen Kammern heran, wieder andere wurden durch Tropfen ins Leben gerufen. Unabhängig von* ihrer Form kann ihre kristalline Struktur Energie absorbieren, bewahren, bündeln und abgeben.

Das Herzstück des Kristalls ist das Atom, seine Elektronen und Protonen. Das Atom ist dynamisch und besteht aus einer Reihe von Teilchen, die sich in ständiger Bewegung um das Zentrum drehen, so dass der Kristall, auch wenn er unbeweglich zu sein scheint, eine lebendige Molekülmasse ist, die mit einer bestimmten Frequenz schwingt, und das ist es, was dem Kristall Energie verleiht.

Edelsteine waren früher ein königliches und priesterliches Vorrecht. Die Priester des Judentums trugen eine mit Edelsteinen besetzte Plakette auf der Brust, die weit mehr als ein Emblem zur Kennzeichnung ihrer Funktion war, denn sie übertrug Macht auf den Träger.

Seit der Steinzeit haben die Menschen Steine getragen, da sie eine Schutzfunktion hatten und ihre Träger vor verschiedenen Übeln bewahrten. Die heutigen Kristalle haben dieselbe Kraft, und wir können unseren Schmuck nicht nur nach ihrer äußeren Attraktivität auswählen. Sie in unserer Nähe zu haben, kann unsere Energie steigern (orangefarbener Karneol), den Raum um uns herum reinigen (Bernstein) oder Reichtum anziehen (Citrin).

*Bestimmte Kristalle wie Rauchquarz und schwarzer Turmalin können Negativität absorbieren und strahlen eine reine und saubere Energie aus.*

*Ein schwarzer Turmalin, den man um den Hals trägt, schützt vor elektromagnetischen Ausstrahlungen, auch vor denen von Mobiltelefonen. Ein Citrin zieht nicht nur Reichtum an, sondern hilft auch, ihn zu bewahren, indem man ihn im wohlhabenden Teil des Hauses platziert (hinten links, weit weg von der Eingangstür).*

*Wenn Sie auf der Suche nach Liebe sind, können Kristalle Ihnen helfen. Stellen Sie einen Rosenquarz in die Beziehungsecke Ihres Hauses (die hintere rechte Ecke, die am weitesten von der Eingangstür entfernt ist), seine Wirkung ist so stark, dass Sie vielleicht einen Amethyst hinzufügen möchten, um die Anziehung auszugleichen.*

*Du kannst auch Rhodochrosit verwenden, die Liebe wird deinen Weg finden.*

*Einige Kristalle enthalten Mineralien, die für ihre therapeutischen Eigenschaften bekannt sind. Malachit hat eine hohe Konzentration an Kupfer, und das Tragen eines Malachit-Armbandes ermöglicht es dem Körper, minimale Mengen an Kupfer aufzunehmen.*

*Lapislazuli lindert Migräne, aber wenn die Kopfschmerzen durch Stress verursacht werden, lindern Amethyst, Bernstein oder Türkis oberhalb der Augenbrauen die Schmerzen.*

*Quarze und Mineralien sind Juwelen von Mutter Erde. Geben Sie sich die Gelegenheit und verbinden Sie sich mit der Magie, die sie ausstrahlen.*

### Glücksquarz für Löwe 2024

### Karneol

*Positive Quarz für diejenigen, die Schwierigkeiten haben, sich zu konzentrieren, die geistig entfremdet oder kompliziert im Leben sind. Er gibt Mut und Schutz. Es ist für melancholische Menschen angezeigt.*

*Es wird als Talisman in Häusern und Unternehmen als Schutz gegen den bösen Blick und Neid verwendet. Es ist mit der Energie der Autorität und Leidenschaft verbunden.*

*Es wird für den beruflichen Erfolg empfohlen, um Zweifel zu zerstreuen und geistige Klarheit zu schaffen, wenn eine berufliche Entscheidung getroffen werden muss.*

*Für diejenigen, die es schwierig finden, in der Öffentlichkeit zu sprechen, hilft der Karneol ihnen, den Mut zu haben, sich diesem Hindernis zu stellen.*

*Er wird für diejenigen empfohlen, die nervöse Probleme haben, da die energetische Projektion des Quarzes hilft, Schlaf zu erreichen und ruhig zu sein, daher begünstigt er körperliche und geistige Ruhe.*

### Löwe und Berufung

*Löwe hat einen ausgezeichneten Sinn für Integrität. Er ist treu, und mit vielen persönlichen Werten. Er versucht immer, Entscheidungen nach dem zu treffen, was er für richtig hält, ohne die Bedürfnisse oder Interessen anderer zu verletzen.*

*Er hat ein edles Herz und schätzt Loyalität über alles andere. Sie können keinen Verrat, kein hinterhältiges Verhalten und keinen Mangel an Werten ertragen. Das macht sie sehr sympathisch, und ihre positive Einstellung und harte Arbeit treiben sie zu verschiedenen Berufen und zu Höchstleistungen in allem, was sie tun.*

### Beste Berufe

*Ihre Fähigkeit, Führungsaufgaben zu übernehmen, macht sie zu guten Chefs, und das bringt sie immer ins Rampenlicht oder in Machtpositionen. Sie sind sehr gesellig und gutmütig. Autoritätspositionen,*

*Schauspielerei, Politik, Hochrisikosportarten und Präsidenten.*

## *Kompatibilität von Löwen und den Tierkreiszeichen*

*Dieses Zeichen, das durch den Löwen symbolisiert wird, wird Sie nicht vergessen lassen. Obwohl sein Charakter fröhlich ist, hat er auch eine grimmige Härte, die sein Brüllen begleitet. Alles, was der Löwe tut, ist tragisch, und wenn er wütend wird, ist es am besten, ihm aus dem Weg zu gehen. Er ist ein fixes Zeichen, sehr fest in seinen Ideen, beständig in seinen Zielen und hartnäckig in seiner Art zu handeln.*

*Löwe ist ein fleißiger Komplize, der sein Herz in jede Beziehung steckt. Natürlich kann er auch unglaublich unnachgiebig sein, aber Hartnäckigkeit ist immer ein Anzeichen für seine Ehrlichkeit.*
*Der Löwe lässt sich von Dramen inspirieren, ist aber auch sehr sensibel. Er ist zweifellos das emotionalste aller Feuerzeichen und kann leicht verletzt werden, so dass Ihr Partner wissen muss, wie er dieses zarte Exemplar nähren kann.*

*Loyalität ist für den Löwen sehr wichtig, daher wird er, wenn du seinen Bereich betrittst, um absolute Liebe bitten. Wenn dieses Zeichen fühlt sich verletzt, ist es am besten nicht, ihm Ratschläge zu geben, Löwe sucht Erleichterung, nicht Erinnerungen, und so wird er von seinem Partner verraten fühlen, wenn Sie Ihre Meinung zu jeder Situation zu geben beginnen.*

*Der Löwe wird Sie bis an die Grenze bringen, denn er liebt es, herausgefordert zu werden. Seit seiner*

*Kindheit weiß er, dass er ein königliches Tier ist, und selbst der besonnenste Löwe wird eine königliche Haltung einnehmen.*

*Dieses Sternzeichen wird nicht müde, Beifall zu erhalten. Opulente Abendessen, exklusive Partys und Designerkleidung geben ihm das Gefühl, geliebt zu werden. Wenn Sie nach ihm suchen, sollten Sie bedenken, dass es nicht einfach ist, seinem Reim zu folgen. Manchmal kann es schwierig sein, mit einem so strengen Sternzeichen auszugehen. Aber am Ende ist es das wert.*

*Wenn Sie einmal Ihren Platz im Herzen des Löwen eingenommen haben, werden Sie den Thron nicht mehr hergeben wollen.  Löwe hat nichts dagegen, wenn sein Partner ein Ego hat, im Gegenteil, der Löwe möchte, dass sein Partner eitel und sehr selbstbewusst ist. Der Löwe sucht keinen Egomanen, aber diese furchtlose Kreatur muss sicherstellen, dass sein Partner weiß, wie man die Krone mit Würde trägt.*

*Der Löwe schätzt das Konzept eines Partners als eine Erweiterung seiner selbst. Da dieses Feuerzeichen für seine Kühnheit in allen Bereichen bekannt ist, von seinen kreativen Unternehmungen bis hin zu seinen Romanzen im Hollywood-Stil, ist es wichtig, jemanden zu finden, der genau weiß, wonach er sucht.*

*Wenn es um Sexualität geht, kann der feurige Löwe auch im Bett glänzen. Die größte sexuelle Erregung des Löwen ist es, sich begehrt zu fühlen. Er ist verzaubert von Verführung, und Zuneigung muss durch ostentative Rendezvous und grandiose romantische Ausdrücke gezeigt werden. Dieses Zeichen brüllt bei dem Gedanken, begehrt zu werden, vor allem, wenn sich dieses brennende Verlangen in leidenschaftliche Liebe verwandelt.*

*Dieser feurige Löwe verliebt sich ständig, mag es, wenn seine Romanzen so groß sind wie seine Persönlichkeit, und nichts lässt ihn lauter brüllen als unverhohlene Anbetung. Er muss im Zentrum der Aufmerksamkeit stehen und kann daher von gefährlichen Romanzen verführt werden.*

*Löwe fällt es nicht leicht, Lob zu widerstehen, also zieht es ihn zu Komplimenten hin. Wenn das Drama vorzeitig endet und Löwe verlassen wird, ist das eine andere Geschichte. Zunächst reagiert er in der Regel schockiert, und nach dieser Phase erlebt er verheerende Ängste, die sein Leid zeigen.*

*Selbst wenn es ernst wird, ist der Löwe ein unverwundbares Wesen, das den Weg zurück ins Licht finden wird, denn der Löwe ist fröhlich und furchtlos und weigert sich, Misserfolge zu akzeptieren. Der Löwe ist immer auf der Suche nach einem Partner, der seinen Geist anregt, denn schließlich hasst er Langeweile.*

**Löwe und Widder**, *das ist eine Beziehung aus purem Feuer, in der es nicht leicht ist, die Flammen zu bändigen. Diese Zeichen nähren sich gegenseitig und schaffen eine enthusiastische Partnerschaft, die auf Verlangen und Wagemut basiert. Der Widder versteht gerne die dominante Ausstrahlung des Löwen. Der Widder, der ebenfalls viel Zuneigung braucht, wird durch die Noblesse und Wärme seines Kameraden, des Löwen, getröstet. Obwohl beide Zeichen selbstbewusst sind, zeigt sich ihre Großzügigkeit sehr ungleichmäßig. Der Löwe trägt sein Herz immer in der Hand, während der Widder vor allem darauf bedacht ist, als Sieger hervorzugehen. Obwohl diese Zeichen in einer Beziehung ihr Bestes geben können, müssen sie auch ihr Ego im Zaum halten. Andernfalls kann die Beziehung zwischen Löwen und Widder irgendwann scheitern.*

**Löwe und Stier** *sind loyale und pflichtbewusste Menschen, aber ihre Pedanterie und Sturheit können manchmal zu großen Gegensätzen führen. Der Stier mag die Großartigkeit des Löwen nicht, und der Löwe schimpft über die Sturheit des Stiers.*

*Als Paar sollten Löwe und Stier darauf achten, dass ihre Motive nicht zu materialistisch sind, sondern eine eher gleichgültige Haltung einnehmen, die eine gleichberechtigte Partnerschaft befürwortet. Immerhin* haben Löwe und Stier viel gemeinsam, sie mögen beide die schönen Dinge des Lebens. Wenn sich die beiden also auf ihre Gemeinsamkeiten und nicht auf ihre Unterschiede konzentrieren, werden sie eine unterhaltsame Beziehung führen.

**Löwe und Zwillinge** sind eine Beziehung, die zunächst sexy und gewagt ist.  Löwe muss sich wie ein König fühlen, und irgendwie hat Zwilling immer Verbindungen zu den wichtigsten Orten in der Stadt. Aber am Ende des Tages möchte sich Löwe mit einem loyalen Partner warm einpacken. Leider kann Zwilling diese Rolle nicht ausüben, da er weiter feiern möchte. In dieser Beziehung müssen beide lernen, sich auf die Bedürfnisse des anderen einzustellen. Der Löwe muss sich auf die immerwährende Herzlichkeit der Zwillinge verlassen, und die Zwillinge müssen die emotionale Treue des Löwe s respektieren. Wenn diese beiden Zeichen auf derselben Seite stehen, ist dieses Paar effizient, ausgelassen und macht viel Spaß.

 **Löwe und Krebs,** keine angenehme Beziehung.  Löwe ist von der Launenhaftigkeit des Krebses überwältigt, und der Krebs ärgert sich über Löwe s übertriebene Dramatik. Wenn diese beiden entschlossen sind, ihre Beziehung zum Funktionieren zu bringen, müssen sie sich auf ihre gemeinsamen Werte wie Loyalität, Familie und Ehrlichkeit einigen. Löwe und Krebs werden sich wahrscheinlich auch gegenseitig *aufrichten und einander helfen, ihr volles Potenzial durch Freundschaft zu erreichen. Damit es nicht zu Konflikten kommt, muss dieses Paar eine Vereinbarung treffen und die Bedingungen respektieren.*

**Löwe und Löwe,** *das ist das majestätischste Paar im Tierkreis. Der Löwe liebt es, seine Leuchtkraft zu zelebrieren, und wenn zwei Löwen zusammenkommen, verbringen sie die meiste Zeit ihrer Beziehung damit, über ihre Liebe zu sprechen. Diese Kombination ist eine überstürzte Kombination, die mit Lächeln, Adel und viel Abgötterei gefüllt sein wird. Aber keine Herrschaft ist perfekt, und da der Löwe ein ziemlich übersteigertes Ego hat, ist mit Widerständen zu rechnen. Ob sie nun um das Rampenlicht, das Telefon oder Schmeicheleien kämpfen, ihr gegenseitiges Bedürfnis nach Lob kann die Beziehung unter Druck setzen.*
*Der Löwe kann sich jedoch beruhigen. Damit diese Beziehung funktioniert, muss jeder oft das Haar des anderen streicheln und sich Zeit für die Leidenschaft nehmen.*

**Löwe und Jungfrau sind** *zwar prinzipiell ein unwahrscheinliches Paar, aber der feurige Löwe und die idealistische Jungfrau können einander positive Eigenschaften abgewinnen. Jedes Zeichen sollte sich darüber im Klaren sein, dass diese Beziehung ein* *hohes Maß an Verständnis, Toleranz und - vielleicht am wichtigsten - Integrität und Loyalität erfordert. Am Anfang bewundert die Jungfrau die Exzentrik und das soziale Feingefühl des Löwen. Der Löwe findet Gefallen an dieser Abgötterei, bis sich der Glanz zu verflüchtigen beginnt. Die Jungfrau hat die Angewohnheit, zu idealisieren, aber da nichts perfekt ist, kann dieses Erdzeichen schnell desillusioniert werden. Damit diese Paarung funktioniert, ist es wichtig, dass jedes Zeichen sicherstellt, dass die Beziehung aus dem richtigen Grund eingegangen wird, und dass die Beziehung nicht vom Ego getrieben ist.*

***Löwe und Waage** sind eine effiziente Beziehung, wenn der großzügige Löwe und die exquisite Waage gemeinsam ihre besten Eigenschaften in die Beziehung einbringen. Zusammen sind sie enorm gesellig und unvergleichlich lustig, Eigenschaften, die durch die Gabe der Waage stabilisiert werden. Da die Waage jedoch gerne den Frieden bewahrt, ist sie eher zurückhaltend. Der Löwe verlangt mutige Loyalität, so dass die Sorge der Waage frustrierend sein kann. Die Waage kann sich durch Löwe s Besitzdenken ein wenig erdrückt fühlen. Wenn sie jedoch ihre Differenzen ausgleichen können, werden sich Löwe und Waage gut fühlen.*

**_Löwe und Skorpion_**, _obwohl die Energie des Feuers sich manchmal durch das Wasser eingeschränkt fühlen kann, ist diese Beziehung eine kraftvolle Kombination. Beide sind fixe Zeichen, haben starke Überzeugungen und feste Ansichten. Infolgedessen gibt es eine offensichtliche Spannung zwischen diesen beiden Zeichen, die zu einigen Auseinandersetzungen und, vielleicht am wichtigsten, zu erstklassigem Sex führen kann. Der Löwe wird besonders von der geheimnisvollen Natur des Skorpions verführt, während der Skorpion vom Löwen stimuliert wird. Die beiden müssen sich jedoch Zeit lassen, um Intimität aufzubauen. Da Löwe und Skorpion auf so unterschiedliche Weise durch die Welt gleiten, müssen beide lernen, die Nuancen des anderen wahrzunehmen. Wenn das Vertrauen erst einmal hergestellt ist, werden sich weder Löwe noch Skorpion trennen wollen._

**_Löwe und Schütze_**, _es ist eine effektive Beziehung. Löwe hat eine feurige Flamme, aber enthalten, es braucht nur ein Publikum. Schütze, auf der anderen Seite, kennt keine Grenzen. Daher neigt der Löwe dazu, sich diesem Zeichen zuzuwenden, das ihn bewundert. Auch der Schütze schätzt die Brillanz des Löwen, obwohl er in dieser Beziehung immer versucht, frei zu sein. Ein Löwe-Schütze-Paar kann sich stundenlang unterhalten, lachen und sich gegenseitig mit dynamischen Geschichten und witzigen Scherzen verzaubern._

***Löwe und Steinbock*** *sind unterschiedliche Geschöpfe. Die Ernsthaftigkeit des Steinbocks ist auf langfristige Vorteile ausgerichtet, während der Löwe von Ruhm und Reichtum angetrieben wird. Auf magische Weise geben Löwe und Steinbock jedoch ein hervorragendes romantisches Paar ab. Beide Zeichen sind sehr unersättlich, und obwohl ihre Techniken unterschiedlich sind, verehren sie sich gegenseitig, und etwaige Streitigkeiten werden nebensächlich sein. Wenn sie zusammenarbeiten, können Löwe und Steinbock Großes erreichen. Der Steinbock lehrt den Löwen die Fähigkeit zur Abstraktion, und der Löwe lehrt den Steinbock die Kunst, sich zu amüsieren. Wenn sie sich vollkommen auf ihre Beziehung einlassen, werden sie große Früchte ernten.*

***Löwe und Wassermann*** *sind als entgegengesetzte Zeichen ein interessantes Paar. Während der Löwe den Herrscher symbolisiert, steht der Wassermann für die Menschlichkeit. Wenn sie zusammenkommen, können sie ein System der gegenseitigen Kontrolle schaffen, das von Gerechtigkeit und fortschrittlichem Denken geprägt ist. Diese Beziehung existiert in einem schönen und reichhaltigen Bereich, doch gelegentlich sieht der Wassermann den Löwen als egoistisch an. In dieser Beziehung müssen beide danach streben, die Perspektive des anderen zu verstehen. Um dies erfolgreich zu tun, muss der Löwe sein Ego zügeln und der Wassermann sein Mitgefühl steigern. Diese*

*Beziehung hat ein unglaubliches Potenzial, so dass ein gesunder Kompromiss sicherlich belohnt werden wird.*

**Löwe und Fische, das** *ist eine ausgezeichnete Beziehung. Der Löwe ist am glücklichsten, wenn er sein strahlendes, tropisches Licht frei ausstrahlen kann. Die Fische sind mit dem Meer verbunden, und so wie der Ozean das Licht der Sonne in der Ferne reflektiert, freuen sich die Fische, wenn sie die lebendige Leuchtkraft des Löwen willkommen heißen und sogar noch verstärken können. Auch wenn diese Beziehung wirkungsvoll und verführerisch sein kann, ist es wichtig, dass der majestätische Löwe nicht von der extremen Sensibilität der Fische vereinnahmt wird.*

*Um eine glückliche Beziehung zu gewährleisten, müssen Sie sich beide dazu verpflichten, die stärksten Qualitäten des anderen zu akzeptieren und Ihre Unterschiede mit freundlicher Wertschätzung und echtem Respekt zu würdigen.*

## Zeichen, mit denen man keine Geschäfte machen sollte

*Stier, Zwillinge und Skorpion, die Verbindungen zwischen diesen Zeichen sind schwach bis unterschiedlich.*

## Zeichen, die in Verbindung gebracht werden mit

*Steinbock, Waage und Fische. Sie sind Zeichen, die praktischen Sinn haben und wissen, wie man Geld investiert. Sie sind verantwortungsbewusst und seriös. Sie wissen, wie man in Geschäfte investiert.*

### Geld-Rituale

## Zauberspruch, um einen Job zu bekommen.

*Sie benötigen:*

*- 1 weiße Kerze*

*- 1 kombinierte gelbe und schwarze Kerze*

*- 1 rote Stofftasche*

*- 1 gelbes Band*

*- 2 Blatt gelbes Papier*

*- Bienengelee*

*- Ruda*

*- Steinkohle*

*- 1 Citrin-Quarz*

*- 1 Parfüm oder Lavendel*

*- Neue Nähnadel*

*- Neue große Glasschale*

*Du schreibst auf die weiße Kerze deinen vollen Namen, dazu benutzt du die neue Nadel, die du später im Hof deines Hauses vergraben wirst. Zünde die weiße Kerze an.*

*Dann schreibst du auf eines der gelben Blätter den Antrag auf den neuen Job, fügst genaue Angaben hinzu, wie z. B. das Geld, das du verdienen willst, und die Stelle, die du dir wünschst; streichst das Bienengelee darauf, faltest es in vier Teile und legst es auf den neuen Teller.*

*Mentalisierung Sie Ihre Bitte und wiederholen Sie sie während des gesamten Rituals. Lege den Beutel mit der Weinraute, die du für das Räucherwerk verwenden wirst, ein paar Tropfen Parfüm und den Citrin quarz neben den Teller.*

*Als Nächstes zündest du die Holzkohle an und gibst die Weinraute darauf. Du zündest die Räucherkerze an dem Punkt an, der am weitesten von der Eingangstür entfernt ist, d.h. von hinten nach vorne; dann lässt du sie in der Nähe des Rituals von selbst verlöschen.*

*Auf das andere gelbe Papier schreibst du den vollständigen Namen der Person. Mit diesem Papier wickelt man die zweifarbige Kerze ein, zündet sie an und stellt sie in die Nähe des Tellers, des als Talisman dienenden Beutels und des Parfümfläschchens (immer offen), dann wiederholt man dreimal: "Hier und jetzt werden alle meine Wünsche für mein persönliches Fortkommen und das meiner Familie erfüllt". Legen Sie den Citrin in den Beutel und verschließen Sie ihn mit dem gelben Band. Wenn die Kerze ausgebrannt ist, dient das Säckchen als Amulett.*

### Zauberspruch für einen besseren Job.

*Sie benötigen:*

*- 1 kombinierte gelbe und rote Kerze.*

*- 1 rote Kerze*

*- 1 schwarze Kerze*

*- 7 gelbe Kerzen*

*- 1 Papierkassette*

*- Honig*

- *Steinkohle.*

- *Eukalyptus-Weihrauch*

- *3 Blätter Weinraute*

- *3 Minzblätter*

- *1 Flasche Parfüm*

- *1 neues Metalltablett*

- *1 neue Nähnadel*

*Auf die zweifarbige Kerze schreiben Sie mit der Nadel Ihren vollen Namen. Auf die schwarze Kerze den Namen des Unternehmens.*

*In der grünen Kerze steht der Beruf, den Sie anstreben, und in der roten Kerze wiederum Ihr vollständiger Name.*

*Auf dem Patronenpapier müssen Sie die gewünschte Stelle oder das Unternehmen, für das Sie arbeiten, angeben.*

*Dieses Papier wird mit Honig bestrichen, in vier Teile gefaltet und auf das Tablett gelegt.*

*Auf die sieben gelben Kerzen schreibst du mit der Nadel den Beruf, den du haben möchtest.*

*Wenn Sie alles vorbereitet haben, zünden Sie die Holzkohle an und legen Sie die Weinraute und die Minzblätter mit ein paar Tropfen des gewählten Parfüms darauf.*

Lassen Sie sie brennen, während Sie die zweifarbige Kerze anzünden, und stellen Sie sie in die Nähe der Kerze mit dem Papier (das Sie mit Honig bestrichen haben).

Zünden Sie alle folgenden Kerzen mit der gleichen Flamme an: die schwarze Kerze, die Sie auf die linke Seite des Tabletts stellen, die grüne Kerze auf der rechten Seite und die rote Kerze in der Mitte.

Die Reste können im Müll entsorgt werden.


### Zaubersprüche für erfolgreiche Vorstellungsgespräche.


Lege drei Blätter von Salbei, Basilikum, Petersilie und Weinraute in einen grünen Beutel. Füge einen Tigeraugenquarz und einen Malachit hinzu. Verschließen Sie das Säckchen mit einem goldenen Band. Um es zu aktivieren, legst du es in deine linke Hand auf Höhe deines Herzens und dann ein paar Zentimeter über dich deine rechte Hand, schließe deine Augen und stell dir vor, dass eine weiße Energie von deiner rechten Hand zu deiner linken Hand kommt und das Säckchen bedeckt. Behalte sie in deiner Handtasche oder in deiner Tasche.

### *Reinigen, um Kunden zu gewinnen.*

*Zehn geschälte Haselnüsse und einen Zweig Petersilie in einem Mörser und Stößel zerstoßen. Zwei Liter Vollmondwasser aufkochen und die zerkleinerten Zutaten hinzufügen. Lassen Sie sie 10 Minuten lang kochen und seihen Sie sie dann ab.  Mit diesem Aufguss reinigen Sie den Boden Ihres Geschäfts, von der Eingangstür bis zum Boden. Diese Reinigung müssen Sie einen Monat lang jeden Montag und Donnerstag wiederholen, möglichst zur Zeit des Planeten Merkur.*

### *Zauberspruch zur Schaffung eines wirtschaftlichen Schutzschildes für Ihr Unternehmen.*

*Sie benötigen:*

*- 5 gelbe Blütenblätter*

*- Sonnenblumenkerne*

*- Sonnengetrocknete Zitronenschalen*

*- Weizenmehl*

*- 3 Münzen des allgemeinen Gebrauchs*

*Die gelben Blüten und Sonnenblumenkerne in einem Mörser zerstoßen, dann die Zitronenschale und das Weizenmehl hinzufügen.*

*Mischen Sie die Zutaten gut und bewahren Sie sie zusammen mit den drei Münzen in einem hermetisch verschlossenen Glas auf.*

*Sie sollten dieses Präparat jeden Morgen anwenden, bevor Sie das Haus verlassen. Sie sollten zuerst die Fingerspitzen der fünf Finger der linken Hand und dann der rechten Hand in die Flasche einführen und dann die Handflächen damit einreiben.*

**Ritual, um den Verlust des Arbeitsplatzes zu vermeiden.**

*Sie benötigen:*

*- 1 großer rostiger Nagel*

*- 1 kleine Tasse Guaven Bonbons*

*- 1 kleine Plastiktüte*

*- 1 gelber Stoffbeutel*

*- 1 orangefarbene Kerze*

*- 1 violette Kerze*

*- 3 Lorbeerblätter*

*- 1 Nadel und Faden*

Stellen Sie die orangefarbene und die violette Kerze an den Rand eines Fensters, dazwischen die Tasse mit den Guaven Bonbons. Zünde die Kerzen an. Stecke den Nagel so in das Bonbon, dass er nicht sichtbar ist. Wiederhole dabei in Gedanken: "Ich bin ein Mensch, der diesen Job verdient, geistige Führer beschützen meine Arbeit, mein Geld und meine Energien". Am nächsten Tag nimmst du die Nelke heraus und steckst sie, ohne sie zu reinigen, in den Plastikbeutel und dann zusammen mit den drei Lorbeerblättern in den gelben Beutel. Legen Sie diesen Beutel an den Ort, an dem Sie arbeiten.

### Ritual für einen hervorragenden Eindruck am ersten Arbeitstag.

Sie benötigen:

- 2 Nägel von 5 cm (neu)

- 1 Stück lila Schleife

- 1 Stück weißes Schleifenband

- 1 violette Kerze

- 1 weiße Kerze

*Am wirkungsvollsten ist es, wenn du es an einem Mittwoch zur Zeit des Planeten Merkur machst.*

*Du musst mit einem der Nägel den Namen des Unternehmens, indem du arbeiten wirst, auf die violette Kerze schreiben und sie dann daneben stellen. Dann schreibst du deinen Namen mit dem anderen Nagel auf die weiße Kerze. Nehmen Sie den Nagel, mit dem Sie die violette Kerze beschriftet haben, und vergraben Sie ihn in der Mitte der Kerze. Während Sie dies tun, wiederholen Sie in Gedanken: "Wenn dieser Nagel das Herz der Kerze erreicht, wird meine Aura meine Chefs und Arbeitskollegen einhüllen" (erwärmen Sie den Nagel zuerst, um diesen Vorgang zu erleichtern). Stecken Sie sofort den anderen Nagel in die weiße Kerze und wiederholen Sie im Geiste: "Mein Schutzengel beschützt mich und führt mich zum Erfolg". Zünden Sie die Kerzen an, und wenn sie erloschen sind, nehmen Sie die beiden Nägel und binden sie mit den Bändern zusammen.*

*Sie sollten sie in Ihrem Büro aufbewahren.*


**Zauberrezept zur Steigerung des Glücks**


*Sie benötigen:*

*- 1 Rose von Jericho*

*- Blumiges Wasser*

- *Lavendelgrün*

- *Citrin Quarz*

- *Tigerauge-Quarz*

- *Vollmond Wasser*

*Geben Sie die Essenzen in ein Glasgefäß mit dem Vollmondwasser.*

*Dann platzieren Sie den Quarz und die Rose von Jericho. Sie sollten diesen Behälter als Ornament in Ihrem Geschäft oder Büro platzieren.*

### *Zauberspruch für Fülle in deiner Arbeit.*

*Sie benötigen:*

- *7 Gefäße aus Steingut*

- *Jungfräulicher Bienenhonig*

- *Minzblätter*

*Mischen Sie den Honig und die Minzblätter, verteilen Sie den Inhalt in Tongefäßen und verteilen Sie diese in Ihrem Zuhause oder in Ihrem Büro.*

*Du musst diesen Zauber am ersten Tag des Monats zur Zeit des Planeten Jupiter durchführen.*

*Um dieses Ritual zu verstärken, wiederholen Sie beim Verteilen der Behälter laut: "Ich versüße mein Leben, mein Zuhause und mein Büro und ich rufe die vier Elemente an, damit sie mir Erfolg und Geld bringen, hier und jetzt in perfekter Harmonie und zum Wohle aller".*

### Die besten Länder und Städte zum Leben

**Länder:** *Frankreich, Italien, Republik Mazedonien, Vereinigte Staaten und Rumänien.*

**Die Städte**: *Böhmen, Sizilien, Rom, Ravenna, Bath, Bristol, Taunton, Prag, Damaskus, Basra, Apulien, Philadelphia, Los Angeles, Chicago und Bombay.*

### Räucherstäbchen und ätherische Öle für Geld

*Weihrauch und ätherisches Zitronenöl: besitzt mystische Eigenschaften, baut Stress ab und zieht Freude an.*

## Pflanzen für Geld

**Minze**: *Minze ist seit jeher für ihre medizinischen Eigenschaften bekannt, aber die einfache Tatsache, sie zu Hause zu haben, hilft, schlechte Schwingungen zu beseitigen und wirtschaftlichen Wohlstand anzuziehen.*

## Quarz für Geld

**Türkis:** *Es ist ein Quarz, der Glück und Geld anzieht. Die Energien des Schutzes und der Fülle, die es ausstrahlt, schützen wirtschaftliche Stabilität. als persönlich.*

## Geld-Anhänger

**Die Pentakel des Jupiters, die Ihnen Wohlstand garantieren.**

*Pentakel sind magische Figuren, die in der Lage sind, positive Energien an ihre Umgebung weiterzugeben. Die Wirkung der Jupiter-Pentakel ergibt sich aus der Kombination von Buchstaben, Zeichen und nützlichen Formeln, sie symbolisieren grafisch und mystisch einen Wunsch. Sie wirken eindeutig auf die Psyche der Menschen, die mit ihm in Sichtkontakt stehen.*

*Die größte Zusammenstellung von Pentakel findet sich in den Claviculae of King Solomon, einem Band der hohen Magie, der diesem biblischen König zugeschrieben wird. Darin finden sich 36 Pentakel, die verschiedenen Zwecken dienen, darunter die sieben Pentakel des Jupiters.*

### Pentakel To Prosper.

*Der Zweck dieser Pentakel ist es, für Fülle zu sorgen, Konflikte im Zusammenhang mit der Arbeit zu lösen und Ihnen zu helfen, alle Arten von Vorteilen, die größeren Wohlstand garantieren, direkter wahrzunehmen.*

*Jupiter, der so genannte große Wohltäter in der Astrologie, ist ein Planet, der mit Expansion, Optimismus, Verbindungen zu mächtigen Menschen und der Fähigkeit, Glück zu machen, verbunden ist.  Du solltest sie mit großer Konzentration und mit der Absicht zeichnen, dass sie deinen Willen manifestieren. Das geeignetste Material ist ein Stück Pergament. Sobald sie fertig sind, sollten sie an einem gut sichtbaren*

*Ort aufgehängt werden, z. B. an der Kasse oder in der Brieftasche (man kann sie auch ausdrucken).*

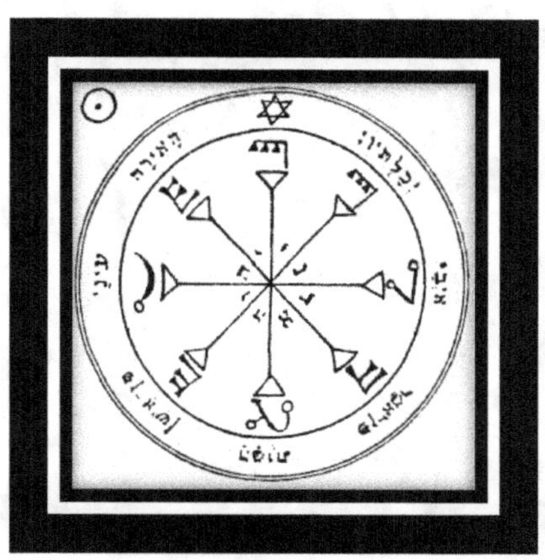

## Affirmationen, um Geld zu erhalten

*Sie sollten diese Dekrete 21 Tage lang durchführen, damit Sie die Ergebnisse sehen können, wenn möglich dreimal täglich. Wenn du sie laut wiederholst, werden sie noch kraftvoller sein.*

*Ich bin unendliche Liebe, die Quelle von Reichtum, Fülle und Wohlstand.*

*Ich bin vollkommene Fülle und göttlicher Reichtum.*

*Ich bin wohlhabend in meinem Geschäft und in meinen Finanzen.*

*Ich bin die göttliche Weisheit, die auf intelligente Weise alle Existenz gestaltet. Ich gehe sicher durch die Fülle. Ich sehe mich selbst im Wohlstand.*

### Ferien

*Urlaub ist sowohl körperlich als auch geistig gesund. Es ist erwiesen, dass ein Urlaub das Stressniveau senkt und das Immunsystem stärkt. Manchmal verursacht die Urlaubsplanung Stress, weil es unendlich viele Möglichkeiten gibt und die Entscheidung zu einer Schimäre haften Aufgabe wird.*

*Mit Hilfe der Astrologie lässt sich aus dem Verständnis Ihrer Persönlichkeit der ideale Urlaubsort für Sie ableiten.*

*__Widder__, ein All-inclusive-Resort mit sportlichen Aktivitäten im Freien an einem warmen Ort wie Punta Cana, Cancún oder den Turks- und Caicosinseln wäre ideal. Australien ist ein aufregendes Land, das eine Fülle von Emotionen bietet, die Ihr Herz höherschlagen lassen.*

*__Stier__, ein Aufenthalt in einem luxuriösen Resort auf den Cayman-Inseln oder ein luxuriöser Urlaub in Dubai, in einem Hotel, das alle Annehmlichkeiten bietet, wird sehr verlockend sein. Italien ist ein perfektes Land, denn dort finden Sie alles, wovon Sie schon immer geträumt haben: Liebe, Charme, Luxus, wunderbares Essen und erstklassige Weine.*

***Zwillinge*** *lieben es, sich intellektuell zu beschäftigen. Reisen mit geführten Ausflügen wie eine Safari in Afrika oder die Erforschung der Tierwelt auf den Galapagos-Inseln bieten dem Tierkreis-Kommunikator ein luxuriöses Erlebnis.*

***Krebs****, Kurztrips, umgeben von Familie und Freunden. Disney World, die Attraktionen und das vielfältige Angebot an Speisen sind eine Möglichkeit. In Orlando, Florida, gibt es mehrere fantastische Hotels und Resorts, jedes mit einem einzigartigen und faszinierenden Thema.*

*Ein Aufenthalt in einem Bungalow über dem Meer in Tahiti ist für dieses Sternzeichen fantastisch. Eine andere luxuriöse Alternative, die der Löwe liebt, wäre eine private tropische Insel auf den Malediven, den Fidschi-Inseln oder den Jungferninseln zu mieten.*

***Jungfrau****, Italien ist Ihre beste Wahl. Dieses Land wird Sie gut beschäftigen. Als Erdzeichen sind Sie mit der Welt um Sie herum verbunden. Orte wie La Romana in der Dominikanischen Republik, Puerto Viejo in Costa Rica und Belo Horizonte in Brasilien werden Ihnen Leben einhauchen.*

**Waage**, ziehe Städte mit Museen vor. Ein Urlaub in den Tropen ist für die Waage nicht so befriedigend wie eine Besichtigung des Louvre in Paris, des Akropolis-Museums in Athen, Griechenland, des Prado-Museums in Madrid, Spanien oder der Uffizien in Florenz, Italien.

**Skorpion**, verbringen Sie ein paar Tage an einem abgelegenen Strand mit Alkohol und Massagen. In Griechenland, Bali, St. Martin oder Hawaii finden Sie all diese Annehmlichkeiten. Der Besuch von Kulturstätten in der Nähe Ihres Luxushotels wäre eine außergewöhnliche Kombination aus Tropen- und Kultururlaub. Mykonos und Roda in Griechenland sind perfekte Reiseziele.

**Schütze**, erkunde den Jakobsweg, ein Netz sehr unterschiedlicher Wege, die alle zur Stadt Santiago de Compostela führen. Jeder Weg hat seine Geschichte, sein Erbe und seine Magie. Der Schütze ist ein Reisender, der sich nach neuen Erfahrungen sehnt. In Irland werden Sie alles finden, was Sie suchen.

**Steinbock**, ein zielorientiertes Zeichen. Ferien, in denen Sie neue Geschäftsbeziehungen knüpfen können. China wäre spektakulär. Steinbock hat einen Sinn für historische Werte, den andere Zeichen nicht haben. In Ländern wie Israel und Ägypten, in denen die Geschichte präsent ist, werden Sie sich zu Hause fühlen.

**Der Wassermann** liebt neue Ideen, unbekannte Orte und neue Beziehungen. Ein fantastisches Land, das man besuchen könnte, wäre Japan, nicht nur wegen seiner faszinierenden Geschichte und Kultur, sondern weil jede seiner Regionen etwas anderes zu bieten hat.

**Fische**, ein Wasserzeichen, das sich über tropische Urlaube freut. Ein Hotel direkt am Strand wäre ideal. Die Insel "La Dique" in der Republik der Seychellen, vielleicht der schönste Strand der Welt, wird ein sicherer Erfolg sein. Fische haben eine ruhige Lebenseinstellung und werden von Neptun regiert, was Sie zu einem kreativen Denker macht. Schweden ist ein Land, das er besuchen sollte, weil er dort eine Kultur vorfindet, die so innovativ ist wie er selbst.

### *Wer ist dein Seelenverwandter nach deinem Sternzeichen?*

*Wenn wir den Begriff "Seelenverwandte" hören, denken wir in der Regel an die Mitglieder eines Paares, d. h. an jemanden, mit dem man eine starke gefühlsmäßige und sexuelle Verbindung hat. Echte Seelenverwandte haben jedoch nicht immer eine solche Beziehung zueinander und sind oft nicht einmal an dem sexuellen Aspekt einer Beziehung interessiert.*

*Ihr Seelenverwandter kann nicht nur Ihr Partner sein, sondern auch Ihre Eltern, Freunde, Kinder, Großeltern, Ihr Chef oder Ihre Schwester.*

*Aus astrologischer Sicht und in Anbetracht der Tatsache, dass die Lektionen, die wir lernen müssen, bevor wir die nächste spirituelle Ebene erreichen, diejenigen sind, die die Art der affektiven Beziehungen bestimmen, die wir heute im Leben entwickeln müssen, können wir sagen, dass Krebs und Fische Seelenverwandte des Widders sind.*

*Mit Krebs und Fische kann der Widder sich nicht nur besser konzentrieren und Konflikte gewaltfrei lösen, sondern auch Empathie entwickeln, d. h. die Fähigkeit, sich in den anderen hineinzuversetzen und zu lernen, zu teilen.*

*Diese beiden Zeichen mögen keine Konflikte, und wenn sie doch entstehen, ziehen sie den Dialog jeder Episode von Brutalität vor.*

*Der Widder kann dem Krebs und den Fischen beibringen, nicht auf die Zustimmung anderer angewiesen zu sein, risikofreudiger zu sein und nicht zu versuchen, es allen recht zu machen, d.h. durchsetzungsfähiger zu sein.*

*Der sinnliche Stier, Feind des Wandels und Verwandter der Trägheit, hat als Seelenverwandte Schütze und Zwillinge, zwei Zeichen, die wissen, dass das Leben eine faszinierende Reise ist, aber keine statische Reise.*

*Sie können dem Stier beibringen, dass er nicht aus Angst vor Ungewissheit dortbleiben muss, wo er nicht mehr sein muss, und dass es immer bestimmte Situationen oder Umstände geben wird, die eintreten werden, ohne dass wir sie erwarten und ohne, dass wir die Macht haben, sie zu ändern. Der Stier hat diesen Zeichen auch viel zu lehren.*

*Lektionen über Willenskraft, Verpflichtungen gegenüber anderen, Engagement für das, was sie tun, und Durchhaltevermögen, ohne Eile oder Langsamkeit. Prinzipien zu haben und klug zu sein.*

*Der Löwe kann mit seinen Seelenverwandten, die der Waage und dem Wassermann angehören, eine Menge Karma ausgleichen.*

*Ein Löwe kann aus Eitelkeit auf einer falschen Idee oder Überzeugung beharren; Waage und Wassermann wissen, dass hinter einer egozentrischen Person ein geringes Selbstwertgefühl steht.*

*Die Waage lehrt den Löwen Gleichmut und Toleranz, Argumentation und Diplomatie, um eine reibungslose Kommunikation zu gewährleisten. Wassermann, das gegenüberliegende Zeichen von Löwen, ausgestattet mit einem objektiven und fairen Urteil, da sie nie von Vorurteilen beeinflusst werden, wird Löwe lehren, die Herzen der Menschen zu sehen, ihre Schulter anzubieten und mitfühlende Worte in Zeiten der Not zu geben.*

*Der Löwe zögert nie, wenn er Entscheidungen trifft, und wenn doch, dann manifestiert er sie nicht, etwas, das die Waage praktizieren sollte.*

*Treue ist ein Markenzeichen des Löwen, etwas, das der Wassermann nicht kennt, und die kleinen Löwen können ihm moralische Lektionen erteilen.*

*Die Jungfrau, die wegen ihrer immensen Angst vor dem Scheitern als Perfektionist bekannt ist, hat Skorpion und Steinbock als Seelenverwandte. Jungfrauen sind gerne streng in ihren Entscheidungen und haben einen Prototyp in fast jedem Aspekt ihres Lebens. Diese Selektivität hält sie davon ab, der Bewegung des Lebens zu folgen.*

*Die Jungfrau wird ein ganzes Projekt buchstäblich in der Luft zerreißen, wenn sie das Gefühl hat, dass es nicht von Anfang an perfekt war, was ein Steinbock niemals tun würde, da ihr Weitblick sie erkennen lässt, dass es immer Alternativen gibt, ohne von vorne anfangen zu müssen.*

*Der Steinbock ist ein Zeichen, das sich seines eigenen Raumes sicher ist, er trifft keine sinnlosen Entscheidungen, wie es die Jungfrau manchmal tut.*

*Andererseits kann der Skorpion das Schlimmste abmildern und das Beste der Jungfrau verstärken. Skorpion und Jungfrau haben eine praktische Herangehensweise an das Leben; allerdings ist der Skorpion viel mehr ein Lebenskünstler als die Jungfrau. Der Skorpion bringt die Entschlossenheit mit, die der Jungfrau fehlt, und die Jungfrau bringt dem leidenschaftlichen Skorpion Kontrolle und Rationalität.*

*Die Jungfrau wird den Steinbock an seiner Seite angenehmer und spielerischer machen und ihn von der übermäßigen Ernsthaftigkeit, die er oft an den Tag legt, isolieren.*

## *Der Wahnsinn*

*Der Wahnsinn hat sich im Laufe der Geschichte als eine obskure, rätselhafte und widersprüchliche Wahrheit erwiesen. Er hat uns Angst gemacht, wir haben ihn ignoriert und sogar akzeptiert, und infolgedessen wurden die Menschen, die angeblich unter ihm gelitten haben, abgelehnt, eliminiert und geehrt.*

*Jedes Verhalten, das nicht mit unseren Überlegungen übereinstimmt, ist nicht unbedingt ein Akt des Wahnsinns, sondern eine andere Vorgehensweise.*

*Es ist ein Fehler, wenn wir, wenn wir uns von den Handlungen oder Dummheiten anderer betroffen oder verärgert fühlen, diese verbannen, denn das macht uns nicht vernünftiger, ausgeglichener oder vollkommener, sondern macht uns genauso verrückt.*

*Die Definition des Wahnsinns ist ebenso komplex wie die des Verstandes, aber alle Tierkreiszeichen haben ihren Grad an Wahnsinn.*

***Krebs****: Sie sind temperamentvoll. Dies führt dazu, dass sie von außen betrachtet eine unverständliche Persönlichkeit haben. Die Popularität der Verrückten beruht auf ihrem widersprüchlichen Charakter, der die Menschen um sie herum manchmal verstört.*

**Skorpion:** *Sie brauchen Veränderung, um glücklich zu sein, sie können verrückte Dinge tun, nur um etwas Action zu erzeugen. Für sie ist es normal, einen Ausbruch zu haben, denn sie sind süchtig nach Veränderung und Aufregung.*

**Fische:** *Es ist für sie unmöglich, dich nicht mit ihrem Wahnsinn anzustecken. Ihre Instabilität und ihr Ungleichgewicht stören die Menschen um sie herum. Sie sehen alles rosig, was dazu führt, dass sie als verrückt bezeichnet werden, weil sie immer auf einer Wolke schweben.*

**Zwillinge:** *Er ist berühmt für seine Dualität. Sie sind manchmal in Konflikt mit sich selbst. Sie lieben Herausforderungen, die Gefahren mit sich bringen. Sie lieben es, improvisierte Abenteuer zu planen und sind immer bereit, die Grenzen des maximalen Wahnsinns zu überschreiten.*

**Löwe:** *Wenn sich das Feuer in ihrem Kopf festsetzt, denken sie, dass alles, was ihr Leben umgibt, dringender ist als alles andere. Sie sind extravagant und haben Einstellungen, die für andere als verrückt* gelten. Sie können Dinge tun, die ein vernünftiger Mensch niemals tun würde.

**Widder:** *Sie verärgern sich selbst und alle um sie herum. Sie sind stur und wollen in allem der Erste sein, auch wenn sie dafür verrückte Dinge tun müssen. Sie wissen nicht, wie man es zurückzunehmen, etwas, das sie zu irrationalen Handlungen führt.*

**Wassermann:** *Ein rebellisches und freies Zeichen, das sich nicht im Geringsten um die Meinung kümmert, die man von ihm hat. Es handelt in einer kapriziösen Art und Weise, mit verrückten Haltungen, die die Paradigmen brechen.*

**Schütze:** *Er ist lustig, aber gewalttätig mit seinem Wunsch nach Aktion. Sie wissen nicht, wie man die Folgen ihres Handelns zu messen, etwas, das viele als Wahnsinn. Es ist nicht verwunderlich, sie völlig ungezügelt zu sehen, die Überquerung des Terrains der Verantwortungslosigkeit.*

**Waage:** *Sie sehnen sich nach Glück und Harmonie, und um das zu erreichen, sind sie bereit, alles Verrückte zu tun. Sie sind instabil, und das führt sie zu brechen ihre Verpflichtungen, etwas, das viele als verrückt.*

***Jungfrau:*** *Sie gehen bis zum Äußersten und werden obsessiv. Sie haben eine Vision von dem, was sie wollen, in Stein gemeißelt, niemand kann ihnen Ratschläge geben, sie lassen sich nicht leiten. Wenn sie nicht zuhören, begehen sie verschiedene Dummheiten.*

***Stier****: Wenn ihnen eine Idee in den Sinn kommt, gibt es niemanden, der sie vertreibt, und sie begehen sogar verrückte Dinge, um ihre Hypothese zu untermauern. Versuchen Sie, ihre Geduld auf die Probe zu stellen, und Sie werden feststellen, wie weit ihr Wahnsinn geht.*

***Steinbock****: Er vergisst absolut nichts, nicht verzeihen und noch viel weniger, vergisst, wenn Sie etwas falsch machen, keine Sorge, weil er Sie ein Leben lang daran erinnern, um Sie völlig verrückt zu machen. Steinbock ist wahnsinnig obsessiv über die Kontrolle.*

### *Die Psychologie hinter der Lotterie.*

*Lotteriespiele sind in der ganzen Welt sehr beliebt.*

*Wir alle haben den unmöglichen Traum, im Lotto zu gewinnen, denn die Illusion, durch einen Glücksfall Millionär zu werden, auch wenn die Chancen minimal sind, ist der Hauptgrund, warum Menschen spielen.*

*Die Spieler nehmen wahr, dass die Kosten für den Lottoschein im Verhältnis zu den Gewinnen, die sie im Falle eines Gewinns erzielen würden, verschwindend gering sind. Wir nehmen Risiken immer emotional wahr, und wenn sie uns Freude bereiten, neigen wir dazu, das Risiko als unbedeutend zu betrachten und das Gefühl der Gefahr zu neutralisieren, indem wir uns nur auf die Vorteile konzentrieren.*

*Die Spieler sehen in der Lotterie eine einmalige Gelegenheit, mit geringem Geldeinsatz und geringem Risiko einen Gewinn zu erzielen.*

*Spiele haben sowohl traditionelle als auch abergläubische Aspekte. Manche Menschen spielen immer dieselben Zahlen, weil sie ihre Lieblingszahlen sind, weil sie sie mit einem wichtigen Datum in Verbindung bringen oder weil sie sie geträumt haben.*

*Andere spielen zu einer bestimmten Zeit, an einem bestimmten Tag oder an einem bestimmten Ort. Wenn wir denken, dass wir die Kontrolle haben, fühlen wir* uns zuversichtlich, denn wenn wir die Zahlen selbst auswählen, anstatt nach dem Zufallsprinzip zu spielen, obwohl die Chancen, richtig zu liegen, die gleichen sind, haben wir den Eindruck, dass wir das Schicksal kontrollieren und dass die Chancen zu unseren Gunsten stehen.

Es gibt Leute, die nur zum Spaß spielen, in diesen Fällen geht die Lotterie über die wirtschaftlichen Kosten hinaus und wird zu einem Spaß, der belebt wird, wenn sie sich ausmalen, was sie mit dem Geld, das sie erwerben würden, alles machen könnten.

**Es gibt fünf psychologische Beschreibungen der einzelnen Lottospieler:**

**Der Abenteurer**, der von Spielen um große Geldsummen, von Spekulationen mit Zufallszahlen und mit geplanten Zahlen verzaubert ist.

**Der Konkurrent**, der darauf besteht, durch Glücksspiele zu zeigen, dass er auf Sieg wettet.

**Der Gierige**, der dem Glücksspiel keine Grenzen setzt und sich nicht scheut, beim Wetten Risiken einzugehen.

**Der Taktiker**, der niemals riskant spielt, sucht nach Taktiken, Strategien und numerischen Sets, wenn er die Zahlen spielt.

***Der abergläubische Mensch***, der immer die gleichen Zahlenkombinationen spielt, verwendet Talismane, Rituale oder kauft seine Lose an einem bestimmten Datum und Ort.

*Gibt es einen Trick oder eine Formel, um im Lotto zu gewinnen?*

*Diese Frage ist noch immer unbeantwortet. Viele spekulieren und behaupten, dass es wahrscheinlicher ist, vom Blitz getroffen zu werden, bevor man im Lotto gewinnt. Andere wiederum studieren die Chancen mit großer Ausdauer und Raffinesse.*

*Das Lottospiel oder jedes andere Glücksspiel, wenn es mit Bedacht betrieben wird, ist ein billiger Weg, um Illusionen und Vertrauen in die Zukunft zu kaufen. Kompliziert wird es, wenn die Person ihren Spieltrieb nicht kontrollieren kann, so dass eine Spielsucht entsteht und sie in die Spielsucht verfällt.*

*Ein Spielsüchtiger ist ein Mensch, dem das Glücksspiel große Schwierigkeiten bei der Arbeit und in seinen familiären Beziehungen bereitet, da Verluste ihn dazu verleiten, größere Geldbeträge zu verspielen, um das verlorene Geld zurückzugewinnen. Dies wird zu einem Teufelskreis, der nur durch eine psychotherapeutische Behandlung gelöst werden kann.*

### *Die besten Geschenke für Tierkreiszeichen*

*Geschenke sind ein universelles Mittel, um zu zeigen, dass wir uns um eine Person kümmern und sie schätzen, aber der Kauf von Geschenken kann eine Herausforderung sein, für manche sogar ein echtes Problem.*

*Die Planeten können Ihnen helfen, sobald Sie das Sternzeichen der Person kennen, können Sie vielleicht das ideale Geschenk machen.*

***Feuerzeichen: Widder, Löwe und Schütze*** *mögen Geschenke, die ihnen das Gefühl geben, wichtig zu sein, und die mit Sport, Reisen und Technik zu tun haben.*

*Eine professionelle Digitalkamera, das neueste iPhone-Modell, ein Flugticket mit Hotel zu einem exotischen Touristenort oder mit historischem Hintergrund, Geschäftsbücher, Sportbekleidung oder Fitnessgeräte, Lotterielose, Flaschen mit edlem Wein und exklusive Markenschuhe werden diesen Zeichen sehr gefallen.*

***Stier, Jungfrau und Steinbock****, die dem Erdelement angehören, sind manchmal traditionell, aber das* *bedeutet nicht, dass sie keine Geschenke von anerkannten Marken mögen.*

*Ein Gemälde eines berühmten Malers, ein Gürtel oder eine Aktentasche für ihre Arbeitspapiere, eine Brieftasche mit ihren Initialen, Markenparfüms, Massagen oder Körperbehandlungen, ein Haustier, Bademäntel, kuschelige Pyjamas oder sogar Aromatherapie-Diffusoren werden sie glücklich machen.*

**Luftzeichen: Zwillinge, Waage und Wassermann** *sind nicht materialistisch, und die Funktionalität eines Geschenks ist viel wichtiger als der Preis. Ihre Fantasie ist reichlich vorhanden, und alles, was diese Fähigkeit anregt, spricht sie an.*

*Ein Handy, ein Computer oder IPad, Bücher über persönliches Wachstum, Spiritualität, Philosophie und alternative Therapien, Selbsthilfe- und Wirtschaftskurse, ein Teleskop, Karten für die Oper oder das Theater, ein Tier, das nicht eingesperrt werden muss, Quarz, ätherische Öle, Weihrauch und After-Bath-Colognas werden von diesen Zeichen sehr geschätzt.*

**Krebs, Skorpion und Fische**, *die Wasserzeichen, lieben persönliche Geschenke. Kochutensilien, ein* *romantisches Abendessen am Strand unter dem Mondschein, eine entspannende Massage in einem Spaß, gewagte Dessous, Hausschuhe oder ein bequemes Sofa zum Fernsehen, eine Flasche Champagner, Duftkerzen, Amulette, Astrologie Bücher, ein Satz von Tarot-Karten, Lotionen, Parfums und Beauty-Accessoires, Wein, Kekse, Konserven und alle Arten von Gourmet-Produkten sind auf der Liste der Geschenke, die diese Zeichen mit großer Freude annehmen werden.*

*Schenken ist ein Segen, es ist eine Geste der Großzügigkeit; Schenken ist ein symbolischer Akt, der ein Kompliment darstellt, eine Aufmerksamkeit für jemanden, den wir erfreuen wollen, und der die Zuneigung symbolisiert, die wir bekunden.*

*Wenn wir Geschenke machen, werden Beziehungen verbessert und gestärkt, und es entsteht Freude.*

### Die Tierkreiszeichen und ihre Ängste.

*Die zwölf Tierkreiszeichen symbolisieren zwölf wesentliche Archetypen der menschlichen Persönlichkeit, sind aber gleichzeitig auch psychologische Prototypen, weshalb jedes der Tierkreiszeichen eine ganz spezifische und persönliche Angst hat.*

*Wir sollten uns daran erinnern, dass Angst ein wesentlicher menschlicher Alarm- und Abwehrmechanismus ist. Sie wird nur dann zum Problem, wenn sie übermäßig ist.*

*Ängste sind Unsicherheiten und manchmal projizieren wir sie mit den entgegengesetzten Handlungen, wie es der Fall des Widder-Zeichens ist; anerkannt für ihren eisernen Willen, nichts und niemand lähmt sie. Sie lieben es, alles zu kontrollieren, und ihre tief verwurzelte Angst ist es, zu versagen oder um Hilfe zu bitten, weil dies für sie ein Synonym für Schwäche ist.*

***Der Stier*** *ist das sturste der Erdzeichen. Veränderungen machen ihnen Angst, und wenn ihnen das Geld ausgeht, verbringen sie ihr Leben mit Sparen, weil Armut sie ängstigt.*

***Zwillinge***, *die Kommunikatoren des Tierkreises, sind ein wenig ängstlich und unsicher, sie versuchen, Aufmerksamkeit zu erregen, weil sie fürchten, langweilig auszusehen. Legitime Kinder des Mondes, Cancers lieben ihre Sicherheitszone, weil niemand sie dort verletzen kann, sie haben Angst vor Einsamkeit und Ablehnung.*

***Der Löwe***, *der König des Tierkreises, der Anführer und der Mutige, wurde nicht geboren, um zu verlieren. Ihre größte Angst ist es, unbemerkt zu bleiben; sie ziehen es vor, schlecht gemacht zu werden, aber nicht ignoriert zu werden.*

*Die Meisterin der Ordnung **Jungfrau** wird manchmal zwanghaft, wenn es um ihre Gesundheit geht, sie ist also eine Hypochonderin. Ihre größte Angst ist es, krank zu werden, aber die Unordnung macht ihnen mehr Angst als alles andere.*

*Außerordentlich intelligente **Waagen** sind unentschlossen, und genau darin liegt ihre größte Angst: Entscheidungen zu treffen. Eine weitere ihrer Ängste ist die Einsamkeit.*

*Die rätselhaften und verführerischen **Skorpione** haben ein Elefantengedächtnis, sie fürchten sich vor Verrat, und wenn du etwas tust, was ihnen nicht gefällt, werden sie es dir für immer vorenthalten. Behalte niemals ein Geheimnis vor einem Skorpion.*

*Als Abenteurer des Tierkreises hat der **Schütze** Angst, sich zu binden, denn die Anforderungen sind erschreckend. Sie sind sehr lustig, aber hinter diesem Lächeln verbirgt sich die Angst, betrogen zu werden.*

*** **Steinbock** sind anspruchsvoll und weichen nie von ihren Zielen ab; ihre größte Angst ist es, Fehler zu machen, vor allem auf beruflicher Ebene. Sie sind aufopferungsvoll und haben Angst, ihre Träume nicht zu verwirklichen.*

*Die rebellischen und utopischen **Wassermänner** fürchten, ihre Freiheit zu verlieren, denn das würde bedeuten, ihr eigenes Wesen zu verlieren. Sie haben immer viele Freundschaften, aber keine von ihnen bindet sie. Sie brauchen die Gruppe, wollen aber nicht, dass die Gruppe sie braucht.*

*Frieden ist ein Synonym für **Fische**, sie hassen Konfrontationen. Durch und durch mitfühlend, haben sie Angst, andere leiden zu sehen. Sie sind ein wenig* *unsicher, haben Lampenfieber und Angst vor Ablehnung.*

*In einigen alten Astrologie Büchern wird Saturn für die Angst in einem Geburtshoroskop verantwortlich gemacht. Ich denke, dass für die Entstehung von Angst die Allianz mehrerer Planeten mit ihren entsprechenden Energien erforderlich ist.*

*Das heißt, Ängste werden durch verschiedene Planeten repräsentiert, die durch Aspekte miteinander verbunden sind, es gibt keinen bestimmten Planeten, der notwendigerweise mit der Entwicklung irgendeiner Art von Angst verbunden ist.*

## Mond in Löwen

*Wenn Ihr Mond in Löwen steht, drücken Sie Ihre Gefühle mit Leidenschaft und Intensität aus, Sie lieben es, im Mittelpunkt der Aufmerksamkeit zu stehen und Ihren Gefühlen einen dramatischen Ausdruck zu verleihen.*

*Im Idealfall möchten Sie geschätzt werden, aber mit dem Mond in Löwen ist jede Aufmerksamkeit besser als keine. Wenn Sie das Gefühl haben, dass Sie ignoriert werden, fühlen Sie sich bedroht, und wenn das passiert, veranlassen Sie Ihre Instinkte, sich zu verstellen.*

*Mit anderen Worten: Wenn Sie im Mittelpunkt der Aufmerksamkeit stehen, werden Sie glücklich sein und sich sicher fühlen.*

*In einer perfekten Welt würde sich alles um Sie drehen, aber da die Welt nicht perfekt ist, stehen Sie nicht im Mittelpunkt der Aufmerksamkeit.*

*Mit dem Mond in Löwen besteht Ihre Herausforderung nicht darin, Ihr Sicherheitsbedürfnis zu entdecken, sondern dafür zu sorgen, dass die Punkte auf Ihrer Prioritätenliste angemessen sind.*

*Sie müssen jede Beziehung analysieren und feststellen, wann es für Sie angemessen ist, im Mittelpunkt zu stehen. Achten Sie auf Ihre Reaktionen.*

*Profilieren Sie Ihr Inneres, damit andere Sie so schätzen, wie Sie sind.*

*Menschen mit dem Mond in Löwen sind warmherzig und großzügig gegenüber ihren Familienmitgliedern, einfühlsam und loyal. Sie neigen zu eifersüchtigen Gefühlen, obwohl sie nicht besitzergreifend sind. Sie brauchen einen Partner, den sie beeindrucken können. Diese Energien machen es schwierig, eine emotionale Beziehung zu ihnen aufzubauen.*

*Sie fühlen sich verletzt, wenn sie das Gefühl haben, ignoriert zu werden.*

*Sie empfinden instinktiv starke Gefühle, sind dramatisch und kreativ. Der Mond in Löwen wird mit Kindern assoziiert, daher genießen sie Spiel und Spaß. Zeit mit Kindern zu verbringen, hilft ihnen, ihre Kreativität und ihren Spaß zu erweitern.*

*Menschen mit Mond in Löwen haben Führungsqualitäten, die inspirieren. Sie ermutigen Menschen, sich für Ergebnisse einzusetzen, während sie gleichzeitig die Reise genießen.*

## *Die Bedeutung des Aszendenten Zeichens*

*Das Sonnenzeichen hat einen großen Einfluss darauf, wer wir sind, aber der Aszendent ist das, was uns wirklich definiert, und das könnte sogar der Grund dafür sein, dass Sie sich mit einigen Eigenschaften Ihres Sternzeichens nicht identifizieren.*

*Wenn du dein Horoskop liest, fühlst du dich manchmal identifiziert und es gibt einigen Vorhersagen einen Sinn, und das passiert, weil es dir hilft zu verstehen, wie du dich fühlen könntest und was mit dir passieren wird, aber es zeigt dir nur einen Prozentsatz dessen, was wirklich sein könnte.*

*Der Aszendent unterscheidet sich vom Sonnenzeichen, weil er widerspiegelt, wer wir oberflächlich gesehen sind, d. h. wie andere uns sehen oder welche Energie wir auf andere übertragen, und das ist so real, dass Sie vielleicht jemanden treffen, und wenn Sie sein Zeichen vorhersagen, haben Sie vielleicht sein Aszendenten Zeichen und nicht sein Sonnenzeichen entdeckt.*

*Zusammenfassend lässt sich sagen, dass die Eigenschaften, die man bei einer Person sieht, wenn man sie zum ersten Mal trifft, der Aszendent ist, aber da unser Leben von der Art und Weise beeinflusst wird, wie wir mit anderen in Beziehung treten, hat der Aszendent einen großen Einfluss auf unser tägliches Leben.*

*Es ist etwas kompliziert zu erklären, wie das Zeichen des Aszendenten berechnet oder bestimmt wird, denn es ist nicht die Position eines Planeten, die es bestimmt, sondern das Zeichen, das zum Zeitpunkt Ihrer Geburt am östlichen Horizont aufstieg, im Gegensatz zu Ihrem Sonnenzeichen, das vom genauen Zeitpunkt Ihrer Geburt abhängt.*

*Dank der Technologie und des Universums ist es heute einfacher denn je, diese Informationen zu wissen, natürlich, wenn Sie Ihre Geburtszeit kennen, oder wenn Sie eine Vorstellung von der Zeit haben, aber es gibt nicht eine Marge von mehr als Stunden, denn es gibt viele Websites, die die Berechnung durch die Eingabe der Daten zu machen, astro.com ist einer von ihnen, aber es ist unendlich.*

*Auf diese Weise können Sie beim Lesen Ihres Horoskops auch Ihren Aszendenten lesen und mehr persönliche Details erfahren. Sie werden sehen, dass sich von nun an Ihre Art, das Horoskop zu lesen, ändern wird, und Sie werden wissen, warum dieser Schütze so bescheiden und pessimistisch ist, wenn er in Wirklichkeit so übertrieben optimistisch ist, und das liegt vielleicht daran, dass er einen Steinbock-Aszendenten hat, oder weil dieser Skorpion-Kollege immer über alles redet, zweifellos hat er einen Zwillinge-Aszendenten.*

*Ich werde die Eigenschaften der verschiedenen Aszendenten zusammenfassen, aber auch das ist sehr allgemein, denn diese Eigenschaften werden durch Planeten in Konjunktion mit dem Aszendenten, durch Planeten, die den Aszendenten aspektieren, und durch die Stellung des Herrscherplaneten des Zeichens im Aszendenten verändert.*

*Ein Mensch mit einem Widder-Aszendenten und seinem herrschenden Planeten Mars in Schütze wird zum Beispiel etwas anders auf die Umwelt reagieren als ein anderer Mensch, der ebenfalls einen Widder-Aszendenten hat, dessen Mars aber im Skorpion steht.*

*In ähnlicher Weise wird sich eine Person mit einem Fische-Aszendenten, die Saturn in Konjunktion zu ihm hat, anders "verhalten" als jemand mit einem Fische-Aszendenten, der diesen Aspekt nicht hat.*

*All diese Faktoren verändern den Aszendenten, Astrologie ist sehr komplex, und Horoskope werden nicht mit Tarotkarten gelesen oder erstellt, denn Astrologie ist nicht nur eine Kunst, sondern auch eine Wissenschaft.*

*Es kommt häufig vor, dass diese beiden Verfahren verwechselt werden, denn obwohl es sich um zwei völlig unterschiedliche Konzepte handelt, haben sie einige Gemeinsamkeiten. Eine dieser*

*Gemeinsamkeiten liegt in ihrem Ursprung begründet und besteht darin, dass beide Verfahren seit der Antike bekannt sind.*

*Sie ähneln sich auch in den verwendeten Symbolen, da beide mehrdeutige Symbole darstellen, die interpretiert werden müssen, was eine spezielle Lektüre und Ausbildung erforderten, um zu wissen, wie diese Symbole zu interpretieren sind.*

*Es gibt Tausende von Unterschieden, aber einer der wichtigsten ist, dass, während im Tarot die Symbole sind vollkommen verständlich auf den ersten Blick, wobei figurative Karten, obwohl es notwendig ist, zu wissen, wie man sie gut zu interpretieren, in der Astrologie beobachten wir ein abstraktes System, das notwendig ist, um zu wissen, vorher zu interpretieren, und natürlich muss gesagt werden, dass, obwohl wir erkennen können, die Tarot-Karten, jeder kann nicht interpretieren sie richtig.*

*Die Deutung ist auch ein Unterschied zwischen den beiden Disziplinen, denn während des Tarots keinen genauen Zeitbezug hat, da die Karten nur dank der im entsprechenden Legesystem gestellten Fragen zeitlich eingeordnet werden, bezieht sich die Astrologie auf eine bestimmte Stellung der Planeten in der Geschichte, und die von beiden verwendeten Deutungssysteme sind diametral entgegengesetzt.*

*Das Horoskop ist die Grundlage der Astrologie und der wichtigste Aspekt bei der Erstellung von Vorhersagen. Das Horoskop muss perfekt ausgearbeitet sein, damit die Lesung erfolgreich ist und man mehr über die Person erfährt.*

*Um ein Geburtshoroskop zu erstellen, muss man alle Daten über die Geburt der betreffenden Person kennen.*

*Sie muss genau bekannt sein, von der genauen Zeit, zu der sie geliefert wurde, bis hin zu dem Ort, an dem sie durchgeführt wurde.*

*Die Stellung der Planeten zum Zeitpunkt der Geburt verrät dem Astrologen die Punkte, die er für die Erstellung des Geburtshoroskops benötigt.*

*In der Astrologie geht es nicht nur darum, die Zukunft zu kennen, sondern auch darum, die wichtigen Punkte Ihrer Existenz, sowohl in der Gegenwart als auch in der Vergangenheit, zu kennen, um bessere Entscheidungen für Ihre Zukunft zu treffen.*

*Die Astrologie hilft Ihnen, sich selbst besser kennenzulernen, so dass Sie die Dinge, die Sie blockieren, ändern oder Ihre Qualitäten verbessern können.*

*Und wenn das Horoskop die Grundlage der Astrologie ist, so ist die Tarot-Lesung von grundlegender Bedeutung für diese Disziplin. Wie derjenige, der*

*Ihnen das astrologische Horoskop macht, wird der Seher, der Ihnen die Tarot-Lesung macht, der Schlüssel zum Erfolg Ihrer Lesung sein, so dass es am besten ist, nach empfohlenen Tarot-Lesern zu fragen, und obwohl Sie sicherlich nicht speziell auf alle Fragen antworten können, die Sie sich in Ihrem Leben stellen, wird eine korrekte Lesung der Tarot-Lesung und der Karten, die in der Rolle herauskommen, Ihnen helfen, die Entscheidungen zu treffen, die Sie in Ihrem Leben treffen.*

*Zusammenfassend lässt sich sagen, dass Astrologie und Tarot sich der Symbolik bedienen, aber die Hauptfrage ist, wie all diese Symbolik interpretiert wird.*

*Eine Person, die beide Techniken beherrscht, wird zweifellos eine große Hilfe für die Menschen sein, die sie um Rat fragen.*

*Viele Astrologen kombinieren beide Disziplinen, und die regelmäßige Praxis hat mich gelehrt, dass beide in der Regel sehr gut ineinander übergehen und eine bereichernde Komponente in allen Vorhersagefragen darstellen, aber sie sind nicht dasselbe, und man kann weder ein Horoskop mit Tarotkarten erstellen noch eine Tarot Deutung mit einem astrologischen Horoskop.*

### *Aszendent in Löwen*

*Menschen mit dem Aszendenten im Zeichen Löwe sind die optimistischsten des Tierkreises, sie wissen, wie sie die sich ihnen bietenden Chancen nutzen können, und können jedes Ziel erreichen, das sie sich setzen.*

*Der Löwe-Aszendent hat das Bedürfnis, seine Individualität zu zeigen und seine Kreativität auszudrücken.*

*Manchmal denkt dieser Aszendent, dass er wie ein König behandelt werden sollte, da sein Ego so groß ist. Sie müssen dynamisch arbeiten, um sich den Status zu verdienen, den sie glauben, zu verdienen, und sich nicht aufregen, wenn sie nicht bekommen, was sie wollen.*

*Ihr Ego ist stark und mächtig, und sie sind theatralisch und dramatisch. Diese Menschen müssen lernen, dass sie, wenn sie von außen gelobt werden, nie ganz glücklich sein oder ihr volles Potenzial ausschöpfen werden, weil diese Umstände nur dazu dienen, ihr Ego zu verstärken. Menschen mit Aszendenten in Löwen müssen lernen, ihr Ego zu beherrschen, und wenn sie Erfolg haben wollen, müssen sie sich auf sich selbst konzentrieren und dürfen nicht zulassen, dass diese eitle Seite die Oberhand gewinnt.*

## Widder - Löwe-Aszendent

Menschen mit diesem Aszendenten haben eine Menge Enthusiasmus. Widder und Löwe sind zwei Feuerzeichen, mit viel Potenzial, so dass sie sich gegenseitig verstärken.

Sie sind Menschen mit einem überragenden Selbstwertgefühl, das sich darin widerspiegelt, wie sie von anderen wahrgenommen werden. Sie zeichnen sich durch ihre Freundlichkeit aus.

Im Arbeitsbereich zeichnen sie sich aus, weil sie Kämpfer sind, obwohl sie manchmal leicht ihr Temperament verlieren. Ihre egozentrische Persönlichkeit kann in ihrem Beruf stören, weil sie von ihrem Stolz und dem Bedürfnis, im Mittelpunkt der Aufmerksamkeit zu stehen, mitgerissen werden.

In der Liebe sind sie sehr gefühlvoll, beschützend und wenn sie sich verlieben, geben sie ihr ganzes Wesen.

Manchmal sind sie so eitel und arrogant, dass sie giftig und kontrollierend werden.

## Stier - Löwe Aszendent

Stier mit Löwe-Aszendent lebt in einem ständigen Streben nach Vergnügen. Diese Kombination strebt nach Erfolg, sowohl auf beruflicher als auch auf privater Ebene, und zwar heftig. Sie lieben Status und Prestige.

Bei der Arbeit bemühen sie sich aktiv um Erfolg, und wenn sie scheitern, sind sie sehr enttäuscht.

Sie sind leidenschaftlich und romantisch und lieben es, zu werben, aber auch, umworben zu werden. Wenn sie jemanden mögen, werden sie darum kämpfen, ihn oder sie für sich zu gewinnen.

Das Negative daran ist, dass man sich den Luxus gönnt.


### Zwillinge - Löwe-Aszendent


Zwillinge mit Löwe-Aszendent sind sehr kommunikative Menschen. Sie sind immer auf der Suche nach neuen Dingen, die sie tun können und zeichnen sich durch ihre Vielseitigkeit aus.

Diese Menschen lieben es, Ideen zu teilen und auszutauschen, weshalb sie dazu neigen, zuzuhören und alle Argumente zu würdigen.

Im beruflichen Bereich interessieren sie sich für verschiedene Bereiche, und sie können in jedem von ihnen erfolgreich sein. Das Problem ist, dass es ihnen schwerfällt, sich zu konzentrieren.

*In der Liebe sind sie verführerische Menschen und haben keine Schwierigkeiten, Freundschaften zu schließen. Wenn sie sich verlieben, kämpfen sie darum, mit dieser Person zusammen zu sein und sind bis zum Ende engagiert.*

*Ein negativer Aspekt dieser Menschen ist, dass sie sich leicht von ihrem Ego mitreißen lassen, die Meinung anderer herabsetzen und versuchen, deren Gedanken zu manipulieren.*

### Krebs - Löwe-Aszendent

*Menschen mit diesem Aszendenten sind liebevoll und familienorientiert. Sie besitzen viel Einfühlungsvermögen und Verständnis und können Menschen in Not wirklich helfen.*

*Sie sind idealistisch und ehrgeizig, daher planen sie viele Projekte mit Optimismus und sind erfolgreich.*

*In der Liebe sind sie intensiv und wenn sie jemanden lieben, sind sie treu.*

*Diese Kombination hat etwas Theatralisches und Sentimentales an sich, was sie dazu bringt, ihre Gefühle zu verstärken und selbst die kleinsten Dinge in eine Tragödie zu verwandeln.*

### Löwe - Aszendent Löwe

*Löwen mit Aszendent Löwe sind Menschen von großer Vitalität, die selbstbewusst sind und jeden, den sie treffen, bezaubern. Sie sind Führungspersönlichkeiten par excellence.*

*Sie sind bei der Arbeit motiviert und freuen sich, wenn sie öffentlich anerkannt werden, was sie motiviert, wertvolle Fähigkeiten zu entwickeln.*

*Sie sind optimistisch und selbstbewusst. Sie können sich jeder Herausforderung stellen.*

*In der Gefühlswelt sind sie sehr liebevoll und beschützend. Sie sehnen sich nach Anerkennung und Wertschätzung innerhalb einer Beziehung. Manchmal suchen sie mehr nach jemandem, der sie bewundert, als nach einer Person, die in ihrer eigenen Position ist.*

*Löwen mit Aszendent Löwe sind autoritär und egozentrisch, besonders wenn sie Machtpositionen innehaben.*

### Jungfrau - Löwe Aszendent

*Diese Menschen sind im Allgemeinen nicht sehr sparsam, auch wenn sie sich nicht zu Exzessen hinreißen lassen. Sie haben große Ambitionen und sind sehr verantwortungsbewusst für alles, was sie tun.*

*Bei der Arbeit ist diese Kombination sehr einfallsreich und zeichnet sich durch ihre intellektuellen Fähigkeiten aus. Sie sind Perfektionisten und verabscheuen Misserfolge.*

*In der Liebe sind sie in ihren Beziehungen nicht so anspruchsvoll, aber wenn sie einen Menschen mögen, setzen sie alles daran, ihn zu erobern.*

### Waage - Aszendent Löwe

*Waagen mit Löwe-Aszendent sind von Natur aus gesellig und für jeden zugänglich, was es ihnen ermöglicht, sehr leicht Beziehungen einzugehen.*

*Dies ist eine der Kombinationen, die ausgewogen ist. Diese Menschen neigen dazu, schon früh im Leben an intellektuellen Themen interessiert zu sein.*

*Im Gefühlsbereich sind sie selbstbewusst und entschlossen, sehr leidenschaftlich und sozial begabt.*

### Skorpion - Löwe-Aszendent

*Diese Kombination besteht aus Menschen, die sich um das Wohlergehen ihrer Angehörigen kümmern.*

*Bei der Arbeit haben sie Energie und Kraft, die sie in ihre Arbeit investieren. Normalerweise sind sie ehrgeizige Menschen, die immer auf der Suche nach Herausforderungen und neuen Ideen sind, die sie* umsetzen können. Sie kämpfen bis zum Ende, um alles zu erreichen, was sie sich vorgenommen haben.

Sie sind Eroberer, und nichts kann sie aufhalten, sobald sie jemanden oder etwas in ihrem Kopf haben. Sie sind ihrem Partner völlig ergeben und brauchen ein Leben mit intensivem Sex und Liebe, um sich in ihrer Beziehung wohlzufühlen.

Sie sind manchmal diktatorisch und hören in der Regel weder auf die Meinung anderer noch auf deren Ratschläge.

Diese Menschen werden besessen und können einen Teil ihres Lebens, ihrer Arbeit und ihrer Freundschaften zerstören.

### Schütze - Aszendent Löwe

Schütze mit Löwe-Aszendent sind freundliche und selbstbewusste Menschen. Sie sind zärtlich und freundlich, sie lieben es, andere glücklich zu sehen. Sie bieten ihren Schutz für alle ihren engen Kreis und versuchen, zu gefallen, weil es von ihrem Herzen kommt.

Sie streben danach, ihre wahre Berufung zu finden. Sie sind gute Kommunikatoren und zeichnen sich durch ihre vielfältigen Talente aus.

Diese Menschen sind sehr emotional, sie lieben es zu lieben und geliebt zu werden.

*Manchmal sind diese Menschen eitel, sündigen an Narzissmus und verlieren sich in den Vergnügungen des Lebens.*

### Steinbock - Löwe-Aszendent

*Steinböcke mit Löwe-Aszendent sind verantwortungsbewusste Menschen, die wissen, wie sie das Leben und alles um sie herum managen können. Sie verfügen über eine große Willenskraft.*

*Bei der Arbeit übertragen sie ihre Überzeugung auf ihr Umfeld, und wenn sie ein Ziel haben, neigen sie dazu, es zu erreichen. Sie haben soziale Kompetenz und ein Auge für Details. Wenn sie ihre Ressourcen richtig einsetzen, können sie eine anerkannte berufliche Position erreichen.*

*In der Liebe sind sie charismatisch, sie sind gerne der Chef in ihren Beziehungen und werden autoritär, aber sie wissen zu erkennen, was angemessen ist und was nicht.*

*Manchmal können sie übermäßig kritisch sein, und wenn sie ihre Qualitäten nicht bündeln, können sie Chaos säen.*

### Wassermann - Löwe-Aszendent

*Wassermänner mit Löwe-Aszendent sind Menschen, die starke Ideale haben und sie gerne weitergeben. Sie* sind Menschen, die wissen, wie sie sich durchsetzen und andere dazu bringen, ihre Meinung mit Respekt und Bewunderung zu hören.

Bei der Arbeit wollen sie sich auszeichnen und wichtige Positionen einnehmen. Sie sind altruistisch, aber sie haben eine egozentrische Seite, die die Anerkennung anderer braucht, um im Gleichgewicht zu sein.

 In romantischen Beziehungen suchen sie gute Gesellschaft und lieben es, Vergnügungen zu genießen. Ihr idealer Partner ist jemand, der nicht unterwürfig ist.

Wenn jemand ihnen gehorcht, verlieren sie leicht die Beherrschung.


### Fische - Löwe-Aszendent
Fische mit Löwe-Aszendent sind sehr einfühlsam, attraktiv und verführerisch. Sie verfügen über eine große Vorstellungskraft und eine gute Intuition.

Beruflich haben sie ein unglaubliches Gespür für Geschäfte, und ihre persönliche Anziehungskraft führt sie leicht in verantwortungsvolle und mächtige Positionen.

In ihren Beziehungen können sie ein wenig egoistisch, aber auch altruistisch gegenüber den Menschen sein, *die sie lieben. Ihrem Partner gegenüber sind sie jedoch aufmerksam und großzügig.*

*Sie neigen dazu, eitel und egozentrisch zu sein. Sie suchen um jeden Preis Aufmerksamkeit, und das kann zu Konflikten führen.*

### *Saturn in den Fischen, eines der wichtigsten astrologischen Ereignisse.*

*Der 7. März 2023 war einer der wichtigsten Tage im astrologischen Kalender dieses Jahres.  Saturn, der strenge Lehrer und Herr des Karmas, kollidierte mit den Fischen, den Träumern. Dieser Transit von Saturn in den Fischen, der bis Februar 2026 andauern wird, war keine willkommene Mischung.*

*Saturn ist ein Planet der Verantwortung und der strengen Autorität, er diszipliniert und strukturiert uns auf seinem Weg durch den Tierkreis. Saturn will sicherstellen, dass wir unsere Ziele erreichen, und wenn dieser Planet durch die Fische, das spirituellste Zeichen, wandert, werden einige wichtige Vorschläge auf uns zukommen. Pluto und Saturn, die sich im Einklang bewegen, werden einen gigantischen energetischen Vulkan auslösen, der garantiert zu einer unvergesslichen Zeit wird. Das mag wie eine Formel für einen Kampf klingen, aber diese energetische Kombination kann effektiv und gewinnbringend sein.*

*Saturn ist in den Fischen nicht zufrieden. Es ist schwierig für ihn, Strukturen zu gründen und die Realität aufzubauen, wenn sich alles verschiebt. Fische ist ein duales Zeichen, es kann sich also auf entgegengesetzte Weise ausdrücken; es kann sowohl transzendental als auch praktisch sein. Es besteht die Möglichkeit, dass Saturn in den Fischen auf den Bau von Formen über oder unter dem Wasser hinweist, oder auf die Beherrschung des Wassers, wie z. B. Pipelines, Aquädukte und Häfen. Er kann aber auch den Zusammenbruch dieser Strukturen aufgrund von Wirbelstürmen oder struktureller Brüchigkeit aufzeigen.*

*Der Archetypus der Fische steht im Widerspruch zu Saturn. Er steht für Utopie, Kreativität, Spiritualität und Esoterik, aber auch für Träume, Illusionen, Lügen und Eskapismus. Er symbolisiert das Streben, wie das Meer zu fließen und Grenzen und Beschränkungen zu überwinden.*

*Der letzte Transit von Saturn in den Fischen fand von Mai 1993 bis April 1996 statt. In dieser Phase wurden die Folgen des Zusammenbruchs der Sowjetunion im Jahr 1989 deutlich, der weltweit Nachwirkungen hatte und die russische Wirtschaft in den Ruin trieb. Russland begann 1994 den ersten Tschetschenienkrieg, der bis 1996 andauerte. Der Internationale Strafgerichtshof für das ehemalige Jugoslawien wurde im Mai 1993 in Den Haag eingerichtet, um Kriegsverbrechen zu verfolgen, die während des Jugoslawienkriegs Anfang der 90er Jahre begangen wurden. Der Bosnienkrieg zwischen Kroaten, Bosniern und Serben hingegen war von Grausamkeiten, ethnischen Säuberungen und zahlreichen Hinrichtungen geprägt. Der Krieg endete 1995, und die meisten bosnisch-serbischen*

*Befehlshaber wurden wegen Völkermordes und Verbrechen gegen die Menschlichkeit angeklagt. 1994 begann der Völkermord in Ruanda, als Hutu-Banden mehr als 700.000 Tutsi ermordeten und unzählige Frauen während des Massakers vergewaltigt wurden, das schließlich im Juli endete. Die Abrüstungskrise im Irak nach dem Ende des ersten Golfkriegs war auf ihrem Höhepunkt, mit viel Lärm und ohne Vertrauen zwischen den Beteiligten. In der Schweiz verübte eine Sekte namens "Orden des Sonnentempels" eine Reihe von Verbrechen und Massenselbstmorden, und hier in den Vereinigten Staaten ermordete Timothy McVeigh bei dem Bombenanschlag in Oklahoma City 168 Menschen. Während dieses Saturn-Transits durch die Fische wurde O.J. Simpson wegen Mordes an seiner Ex-Frau und seinem Freund verhaftet und nach einem langwierigen Prozess, der ein ziemliches Hollywood-Spektakel darstellte, freigelassen. In London wurde Fred West und seine Frau Rose inhaftiert, nachdem im Hinterhof ihres Hauses die Leichen mehrerer Mordopfer gefunden worden waren. In Südafrika fanden die ersten rassenübergreifenden Wahlen statt, und Nelson Mandela wurde zum Präsidenten gewählt, wodurch die Todesstrafe in diesem Land abgeschafft wurde. Russland und China unterzeichneten ein Abkommen, sich nicht mehr gegenseitig mit ihren Atomwaffen zu provozieren, und der Atomwaffensperrvertrag wurde von 170 Ländern endlos erweitert. In Australien einigte man sich auf die Entschädigung der Ureinwohner, die während der Atomtests in den 1950er und 1960er Jahren vertrieben wurden.*

*Zu den weiteren Ereignissen während des Transits von Saturn in den Fischen gehören religiöse Strömungen, ideologische Bewegungen wie Sozialismus und Linksextremismus, die Übertragung von Krankheiten und Seuchen, zerstörerische Verhaltensweisen, die durch Panik ausgelöst werden, eine Zunahme des Drogenkonsums und die Entwicklung aller Arten von Kunst sowie die Mittel des Seeverkehrs.*

*Saturn in den Fischen wird dafür sorgen, dass wir uns nicht mit Spiritualität oder Angst vor bestimmten Konflikten drücken können, denen wir uns stellen müssen. Wir können meditieren, hundert Jahre in Tibet verbringen und die mächtigsten Mantras des Universums verwenden, aber irgendwann müssen wir auch handeln.*

*In den letzten Jahren, in denen Saturn den Wassermann durchquert hat, war es notwendig, sich auf die Individualität zu konzentrieren und aufrichtiger zu sein, anstatt den Zwang der Menschen um uns herum zu tolerieren. Obwohl Wassermann ein Zeichen ist, das dafür bekannt ist, nach seinem eigenen Rhythmus zu tanzen, hat Saturn uns dazu gebracht, mit uns selbst allein zu sein (erinnern Sie sich an die Einschränkungen während der Pandemie) und zu schauen, wo wir uns selbst platzieren können, um gesunde Grenzen zu schaffen.*

*All diese Lektionen haben uns auf das vorbereitet, was uns mit Saturn in den Fischen bevorsteht. Wir werden anfangen, sensibler damit umzugehen, wie wir Spiritualität in unser tägliches Leben einbringen können, während wir gleichzeitig ein Verständnis dafür bewahren, wie wir uns selbst strukturieren können. Viele Menschen werden Religionen oder Dogmen aufgeben oder in Frage stellen.*

*Natürlich gibt es viele, die diese Zeit nicht genießen werden. Dazu gehören religiöse Führer und diejenigen, die Verschwörungstheorien verbreiten. Es wird zu Konflikten zwischen Menschen unterschiedlicher Religionen kommen, und es wird viele Tendenzen geben, zu versuchen, das zu beherrschen, was andere zu glauben wählen. Wir müssen akzeptieren, dass, nur weil andere nicht mit unseren Überzeugungen übereinstimmen, dies nicht bedeutet, dass sie falsch sind. Es bedeutet lediglich, dass ihre Ansichten anders sind, denn schließlich stehen die Fische für Exklusivität. Etwas, das uns fehlt.*

*Da Fische und Neptun die Unterhaltungsbranche regieren, werden große Studios und Plattenfirmen schließen, und viele Künstler, die mit diesen Studios verbunden waren, werden beschließen, ihre eigenen zu gründen. Wenn Sie ein Künstler sind, liegt es in Ihrem*

*Interesse, Ihre Arbeit gewinnbringend zu nutzen, anstatt den großen Unternehmen an der Spitze die Dividende zu überlassen.*

*Es wird weniger Interesse an Spezialeffekten geben und eine stärkere Ausrichtung auf in sich geschlossene Filme und Themen, die den Alltag widerspiegeln. Wir werden die Schönheit um uns herum schätzen und weniger vom Glamour motiviert sein.*

*Wir neigen oft dazu, Karma als etwas Böses zu sehen, aber zu ernten, was man gesät hat, ist nicht schlecht, wenn man sich gut verhalten hat. Mit unserem karmischen und unterbewussten Gepäck zu arbeiten, die Vergangenheit zu verstehen und bereit zu sein, loszulassen, ist entscheidend, um diesen Transit zu bewältigen und erfolgreich aus ihm herauszukommen. Wenn Sie sich davor drücken, wird Saturn Sie bestrafen, aber wenn Sie sich darauf einlassen, werden Sie an einem Ort ankommen, der für etwas Großes prädestiniert ist.*

*Die Stellung von Saturn in unserem Geburtshoroskop zeigt an, wo wir gezwungen sind, die Kontrolle über die Realität zu gewinnen und größere Verantwortung zu übernehmen.  Fische ist das letzte Zeichen des Tierkreises, so dass Saturns Bewegung hier auch einen End- oder Abschlusspunkt für einen viel größeren Zyklus anzeigen.*

*Fische ist ein Wasserzeichen, das für Licht, Dunkelheit und die unsichtbaren Welten steht. Es ist bekannt für seine abstrakten Ideen und seine Kreativität. Fische sind wandelbar, das heißt, sie sind anpassungsfähig und offen für die Energien der Welt um sie herum. Saturn ist eine sehr solide Energie. Er herrscht über Gesetz, Verantwortung und Beschränkungen, und seine Energie kann sich manchmal wie ein Weckruf anfühlen, der uns in die Realität zurückholt und uns die Konsequenzen unseres Handelns vor Augen führt.*

*Die Anwesenheit von Saturn in den Fischen könnte sich deshalb etwas schwer anfühlen, da die normalerweise wässrige, intuitive und sensible Energie der Fische gezwungen sein wird, etwas zurückhaltender zu werden.*

*Um es besser zu verstehen, kann man es sich so vorstellen: Wenn Fische ein sanft fließendes Wasser sind, wird die Anwesenheit von Saturn Dämme bauen, und diese Dämme können das Wasser in eine produktive und vorteilhafte Richtung lenken, aber es kann sich auch eher bedrückend oder kontrollierend anfühlen. Es gibt jedoch eine Möglichkeit, ein Gleichgewicht zwischen diesen beiden Energien herzustellen, da die kreativen, nicht greifbaren und äußeren Ideen der Fische-Energie dank Saturn einige Wurzeln schlagen können.*

*Saturn hat eine praktische Energie, und wenn wir diese mit der Kreativität der Fische kombinieren, können wir ein Gleichgewicht erreichen, das uns hilft, unsere kreativen Ideen zum Leben zu erwecken oder sie sogar in ein Unternehmen zu verwandeln.*

*Fische sind auch mit Religion und Spiritualität verbunden, so dass sich mit Saturn viele Fragen rund um Religion und Spiritualität stellen könnten und wie diese mit den Regeln, die die Gesellschaft regieren, zusammenhängen. Auch die spirituelle Industrie könnte unter dieser Energie einen Weckruf erhalten, oder auf einer persönlichen Ebene werden sich Ihre eigenen Einstellungen und Überzeugungen bezüglich Ihrer spirituellen oder religiösen Verbindung ändern.*

*Was Saturn von uns will, ist, dass wir die Verantwortung für unser Leben übernehmen und in Übereinstimmung mit unserem authentischen Selbst handeln. Saturn mag uns Grenzen und Beschränkungen auferlegen, die uns das Gefühl geben, gefangen zu sein oder unterdrückt zu werden, aber dies geschieht nur, damit wir uns die Zeit nehmen können, um herauszufinden, was wir wirklich wollen und wofür wir bereit sind zu stehen.*

*Nachfolgend können Sie eine Zusammenfassung dessen lesen, was der Transit von Saturn in den Fischen für jedes Tierkreiszeichen bringen wird. Wenn du mehr aus all diesen Informationen herausholen willst, empfehle ich dir, diejenige für dein Aszendenten*

*Zeichen zu lesen, wenn du es kennst, und dann die Interpretationen zu kombinieren.*

*Eine weitere Möglichkeit, mehr über diesen kraftvollen Planetentransit zu erfahren, besteht darin, über die Themen nachzudenken, die sich in Ihrem Leben entwickelt haben, als Saturn das letzte Mal in den Fischen war, nämlich von 1994 bis 1996, um zusätzliche Informationen darüber zu erhalten, was dieser Zyklus Ihnen bringen kann.*

## Wie wird es sich auf das Zeichen Löwe auswirken?

Wenn Saturn durch die Fische läuft, kann es sein, dass Sie sich nach innen wenden. Es wird ein starker Reiz sein, sich selbst auf einer tieferen Ebene zu verstehen und verborgene Denkprozesse oder unterbewusste Muster zu entschlüsseln.

Saturn in den Fischen kann auch eine tiefgreifende Transformation mit sich bringen, bei der Sie durch einen Prozess von Tod und Wiedergeburt geführt werden.

Die Natur befindet sich in einem ständigen Regenerationszyklus: Bäume verlieren ihre Blätter, treten in die Phase des Todes ein und treiben im Frühjahr wieder aus, um in eine Phase der Wiedergeburt einzutreten.

Es gibt auch die Geschichte vom Phönix, der sich aus der Asche erhebt. Mit Saturn in den Fischen könnten Sie sich auf einer Reise von Tod und Wiedergeburt wiederfinden.

Vielleicht müssen Sie einen Zyklus klären oder einen überholten Glauben oder Lebensstil beseitigen und ihn in etwas Neues umwandeln. Die Wiedergeburt eines Lebensbereichs kann immer Herausforderungen mit sich bringen, und wenn Saturn im Spiel ist, wird es zwangsläufig Herausforderungen geben.

*Saturn ist wie ein strenger Lehrer, der dich dazu antreibt, dein Bestes zu geben. Saturn drängt uns nie zu viel oder zu wenig, er scheint immer genau das richtige Maß zu kennen, um unser volles Potenzial zu entfalten. Während du dich durch diesen Zyklus der Wiedergeburt bewegst, wirst du eine neue Grenze deines Potenzials erreichen.*

*Sie werden neue Fähigkeiten erlernen, an Orte reisen, die Sie noch nie zuvor gesehen haben, und am Ende werden Sie sich selbst besser kennenlernen.*

*Bei Saturn in den Fischen geht es darum, dein wahres Ich kennen zu lernen. Es geht darum, die Masken abzulegen, die Falschheit, die Dinge, die dich festhalten oder einschränken, und die Schichten abzuschälen, um eine wahrere Version deiner selbst zu enthüllen.*

*Saturn ist eng mit unserem Seelenvertrag verbunden; es ist der Vertrag, den wir schließen, bevor wir in diese irdische Welt kommen. Unser Seelenvertrag beschreibt all die Dinge, die die Seele während ihrer Zeit in der Erdenschule lernen und durchlaufen soll.*

*Saturns Aufgabe ist es, dafür zu sorgen, dass wir die Bestimmungen unseres Seelenvertrags erfüllen. Er will sicherstellen, dass wir auf dem richtigen Weg sind und das tun, was wir tun sollen. Alles, was uns von unserem Weg ablenkt, wird entfernt und alle karmischen Schulden, die bezahlt werden müssen, müssen gelöst werden.*

*Saturn in den Fischen kann auch Probleme im Zusammenhang mit Ihrer Sexualität und intimen Beziehungen verursachen. Vielleicht müssen Sie sich wieder mit sich selbst und dem, was Ihnen Freude bereitet, verbinden.*

*Vielleicht möchten Sie Ihre sexuelle Seite erkunden oder sich mit Ihrem Körper wohler fühlen. Saturn kann auch einige Grenzen und Einschränkungen mit sich bringen. Während Sie also dazu ermutigt werden, sich selbst besser kennenzulernen und eine tiefere, intimere Beziehung zu sich selbst zu entwickeln, könnten Sie zunächst das Gegenteil spüren.*

*Vielleicht fühlen Sie sich von sich selbst und damit auch von Ihren Wünschen und Ihrem Lustzentrum abgekoppelt. Vielleicht sind Sie unsicher, was Sie von Ihren Intimpartnern wollen, oder Sie haben Schwierigkeiten zu kommunizieren, was sich für Sie gut anfühlt.*

*Saturn in den Fischen hilft Ihnen, intim zu werden, aber zuerst müssen Sie dies mit sich selbst tun, bevor Sie es mit anderen tun können.*

*Nehmen Sie sich die Zeit, sich selbst und Ihre Wünsche kennen zu lernen, sich mit dem zu verbinden, was Sie begeistert, und vielleicht an Ihren Energiezentren zu arbeiten. Unsere unteren Chakren, zu denen das Wurzelchakra und das Sakral Chakra gehören, befinden sich unterhalb des Nabels und sind mit unserem Gefühl der Sicherheit und unserem Gefühl des kreativen Verlangens verbunden.*

*Nur wenn wir uns in unserem eigenen Körper sicher fühlen, können wir unsere Lustzentren aktivieren. Finden Sie also Wege, sich in Ihrem eigenen Körper sicher und geerdet zu fühlen, und es wird Ihnen leichter fallen, in einen Zustand der Lust oder Freude zurückzukehren.*

*Es ist möglich, dass Sie sich ausruhen müssen, wenn Saturn durch die Fische wandert. Saturn wird Sie dazu anleiten, Verantwortung für Ihren Körper und Ihre geistige Gesundheit zu übernehmen, er wird Sie ermutigen, sich Hilfe zu suchen, wenn Sie sie brauchen.*

*Jedes Mal, wenn Sie in einen Zyklus der Wiedergeburt geführt werden, muss auch eine gewisse Regeneration stattfinden. Du musst dir die Zeit und den Raum geben, deine Batterien aufzuladen, um diesen Zyklus zu durchlaufen.*

*Genauso wie Bäume im Winter ruhen, weil sie ihre Energie aufsparen und auf den richtigen Zeitpunkt warten, an dem die Knospen wieder blühen werden. Würden die Bäume nie ruhen, hätten sie nicht die Energie, diese neuen Knospen zu bilden.*

*Sie müssen sich selbst gleiche Chancen einräumen und daran denken, dass alles zu seiner Zeit kommt.*

*Da du ein Feuerzeichen bist, verspürst du vielleicht den Wunsch, dich zu beeilen, aber Saturn in den Fischen wird dich Geduld lehren, damit du dir Zeit nehmen und wirklich überlegen kannst, warum du die Dinge tust, die du tust.*

*Wenn Saturn seinen Weg durch diesen Teil des kosmischen Himmels beendet hat, werden Sie sich auf einer intimen Ebene mehr mit sich selbst verbunden fühlen. Du wirst dich mehr auf das ausgerichtet fühlen, was dir Freude bereitet und wie andere dir dienen können, besonders in deinen intimen Beziehungen.*

*Sie werden verstehen, was Sie brauchen, um sicherzustellen, was nicht mehr für Sie ist.*

*Saturn in den Fischen ist ein schwieriger Transit für dich, und du wirst feststellen, dass du etwas abschließen musst.*

*Aber denken Sie daran, dass Saturn dazu da ist, Sie Ihrem Seelenweg näher zu bringen und einen tieferen Zustand der Harmonie und des Verständnisses für das, was Sie von Ihrem Leben erwarten, zu erreichen. Wenn Sie spüren, dass diese Energie Sie vor Herausforderungen stellt, kommen Sie zu sich selbst zurück. Was wollen Sie wirklich? Was fühlt sich für Sie richtig an? Sie haben vielleicht nicht alle*

*Antworten, aber wann immer Saturn im Spiel ist, ist es eine gute Idee, zur Verantwortung zurückzukehren.*

*Saturn will, dass wir die Verantwortung für uns und unser Leben übernehmen. Er möchte, dass wir die Verantwortung für das übernehmen, was wir in die Welt setzen und was wir sagen, dass wir es wollen. Er will sicherstellen, dass unsere Gespräche mit unseren Handlungen übereinstimmen und dass unsere Gedanken mit unserer Seele übereinstimmen.*

## *Literaturverzeichnis*

*Einige Informationen wurden aus den von den Autoren veröffentlichten Büchern entnommen: Liebe für alle Herzen, Geld für alle Taschen und Horoskope 2022 und 2024.*

*Artikel im Nuevo Herald, verfasst von einem der Autoren.*

## *Über die Autoren*

*Zusätzlich zu ihrem astrologischen Wissen verfügt Alina A. Rubi über eine reichhaltige berufliche Ausbildung; sie hat Zertifizierungen in Psychologie, Hypnose, Reiki, bioenergetischer Kristallheilung, Engelsheilung, Traumdeutung und ist spirituelle Lehrerin. Rubi verfügt über Kenntnisse in Gemmologie, die sie nutzt, um Steine oder Mineralien zu programmieren und sie in kraftvolle Amulette oder Talismane des Schutzes zu verwandeln.*

*Rubi hat einen praktischen und ergebnisorientierten Charakter, der es ihr ermöglicht hat, eine besondere und integrative Vision von mehreren Welten zu haben, die Lösungen für spezifische Probleme ermöglicht. Alina schreibt die Monatshoroskope für die Website der American Asociation of Astrologers; Sie können sie unter www.astrologers.com lesen. Zurzeit schreibt sie eine wöchentliche Kolumne in der Zeitung El Nuevo Herald über spirituelle Themen, die jeden Sonntag in digitaler Form und montags in gedruckter Form erscheint. Er hat auch ein Programm und ein wöchentliches*

*Horoskop auf dem YouTube-Kanal dieser Zeitung. Ihr Astrologisches Jahrbuch wird jedes Jahr in der Zeitung "Diario las Américas" in der Rubrik Rubi Astrologa veröffentlicht.*

*Rubi hat mehrere Artikel über Astrologie für die monatliche Publikation "Today's Astrologer" geschrieben und Kurse über Astrologie, Tarot, Handlesen, Kristallheilung und Esoterik gegeben. Auf ihrem YouTube-Kanal stellt sie wöchentlich Videos zu esoterischen Themen zur Verfügung: Rubi Astrologa. Sie hatte ihre eigene Astrologie Sendung, die täglich über Flamingo T.V. ausgestrahlt wurde, wurde von mehreren Fernseh- und Radiosendungen interviewt und veröffentlicht jedes Jahr ihr "Astrologisches Jahrbuch" mit dem Horoskop nach Sternzeichen und anderen interessanten mystischen Themen.*

*Sie ist Autorin der Bücher "Reis und Bohnen für die Seele" Teil I, II und III, einer Zusammenstellung von esoterischen Artikeln, die in Englisch, Spanisch, Französisch, Italienisch und Portugiesisch veröffentlicht wurden. "Geld für alle Taschen", "Liebe für alle Herzen", "Gesundheit für alle Körper", Astrologisches Jahrbuch 2021, Horoskop 2022, Rituale und Zaubersprüche für den Erfolg im Jahr 2022, Zaubersprüche und Geheimnisse, Astrologie Kurse, Rituale und Zaubersprüche 2024 und Chinesisches Horoskop 2024 sind in fünf Sprachen erhältlich: Englisch, Italienisch, Französisch, Japanisch und Deutsch.*

*Rubi spricht perfekt Englisch und Spanisch und kombiniert alle ihre Talente und Kenntnisse in ihren Lesungen. Sie wohnt derzeit in Miami, Florida.*

*Weitere Informationen finden Sie auf der **Website** www.esoterismomagia.com.*

*Alina A. Rubi ist die Tochter von Alina Rubi. Sie studiert derzeit Psychologie an der Florida International University.*

*Seit ihrer Kindheit interessiert sie sich für alle metaphysischen und esoterischen Themen und praktiziert Astrologie und Kabbala seit ihrem vierten Lebensjahr. Sie verfügt über Kenntnisse in Tarot, Reiki und Edelsteinkunde. Sie ist nicht nur Autorin, sondern zusammen mit ihrer Schwester Angeline A. Rubi auch die Herausgeberin aller von ihr und ihrer Mutter veröffentlichten Bücher.*

*Für weitere Informationen kontaktieren Sie sie bitte per E-Mail: **rubiediciones29@gmail.com***